W0304097

des 1. FC Köln „et Trömmelche jeht“. Und spätestens mit der Gründung des Bundeslandes Nordrhein-Westfalen verbindet uns auch mit unseren nördlichen Nachbarn aus Westfalen ein untrennbares Band. „Et es wie et es“ – das alles macht uns aus.

Wenn ich jedoch an all die unterschiedlichen Menschen denke, denen ich tagtäglich begegne, frage ich mich zugleich: Kann man so allgemeine Aussagen über die Bewohner*innen einer Stadt oder einer Region überhaupt tätigen? Oder ist dies ein unrechtes Urteil, das die Individualität des oder der Einzelnen außer Acht lässt? Wie beschrieben, kommen seit über 2000 Jahren Menschen mit ihren ganz eigenen Hintergründen hierher und tragen ihren Teil zum Ganzen bei. Spätestens mit der Weiterentwicklung der Mobilität, der Industrialisierung und der damit einhergehenden Urbanisierung kam es zum regelmäßigen Zuzug von Menschen aus den verschiedensten Gebieten. **Nicht ohne Grund sang Willi Ostermann schon vor beinahe 100 Jahren: „Wie hät doch Köln sing Eijenaat verlore“.** Und nicht zuletzt die Schrecken des Zweiten Weltkriegs waren es, die unsere Stadt unwiderruflich veränderten und zeigten, dass es eben doch nicht „immer jot jejange“ ist. Flucht und Vertreibung aus den ehemaligen deutschen Ostgebieten und aus Osteuropa trugen nach dem 2. Weltkrieg ihr Übriges zur Veränderung unserer Stadt und zu einer neuen Vielfalt bei. Mit der Zuwanderung von Menschen aus aller Welt in die Bundesrepublik sind unser Land, unsere Region und unsere Stadt dann nochmals kulturell bereichert worden. Ohnehin lässt die Globalisierung Menschen auf der ganzen Welt zusammenrücken, und zugleich sehen wir in vielen Ländern Prozesse der Emanzipation und einen stetig wachsenden Grad der Individualisierung. All das wirft für mich die Frage auf: Gibt es diesen Schlag von Mensch heute eigentlich noch? Oder besser gesagt: Hat es ihn je gegeben? Fragen, über die man trefflich streiten kann. Für mich ganz persönlich ist nur eines über alle Zweifel erhaben: „Nix bliev wie et wor.“

Als gebürtige Kölnerin, die einen Großteil ihres Lebens im Rheinland verbracht hat, stelle ich fest, dass diese Region in mir ein ganz besonders starkes Gefühl immer wieder auslöst: Sie ist meine Heimat. Mir ist jedoch wichtig, dabei immer zu differenzieren und sich darüber im Klaren zu sein, dass man nie von sich auf andere oder von der Allgemeinheit auf Einzelne schließen sollte. Dafür sind die Möglichkeiten der persönlichen Entfaltung in unserem Land glücklicherweise viel zu groß. Viel wichtiger ist für mich die Erkenntnis, dass das Grundgesetz der Bundesrepublik Deutschland die Grundlage für ebendiese individuelle Freiheit ist. Ganz egal wo man geboren ist, in welcher Sprache, mit welchem Dialekt oder welchem Akzent man spricht und welche Traditionen man pflegt – es macht uns alle gleich, und für dieses Recht sollten wir immer wieder gemeinsam eintreten.

Liebe Leser*innen, ich wünsche Ihnen nun viel Freude dabei, zu erfahren, wie elf weitere Kölner*innen ihre ganz persönliche Sicht auf das „Rheinische Grundgesetz“ von Konrad Beikircher schildern. Wir dürfen gewiss auf sehr verschiedene Sichtweisen gespannt sein – denn: „Jede Jeck es anders!“

DAS KÖLSCHE GRUND-GESETZ

Inhalt

Liebe Kölnerinnen, liebe Kölner,

elf intensive Gespräche mit elf kölschen Persönlichkeiten über je einen Artikel des **„Kölschen Grundgesetzes"** … Mit jedem Gespräch, das meine wunderbaren Kolleginnen und Kollegen führten, wuchs die Gewissheit: **Die Idee trägt.** Oft habe ich beim Lesen geschmunzelt, einige Male ein Tränchen verdrückt. Und erneut festgestellt, wie viel Herz in diesen Leitlinien steckt. Und wie viel Tiefe.

Im Jahr 1533, heißt es, habe der Gelehrte Heinrich Cornelius Agrippa von Nettesheim in einem Brief an den Bürgermeister und den Rat der Stadt Cöln erstmals ein „Kölnisch Gebot" erwähnt. Geistiger Vater des „Kölschen Grundgesetzes" aber ist Kabarettist **Konrad Beikircher**. Sein Buch „Et kütt wie't kütt" aus dem Jahr 2001 hat seit Erscheinen jeden meiner Umzüge mitgemacht. Schön, dass er auch dieses Projekt mit klugen Gedanken bereichert.

„Nix bliev, wie et wor.", stand bis kurz vor Druckabgabe groß auf dem Cover. Der 5. Artikel definiert die heutige Zeit treffend. Aber dieses Magazin steckt so randvoll mit Optimismus, Lebensfreude und diesem besonderen kölschen Ur-Vertrauen, dass ich mich für Artikel 3 entschieden habe: **„Et hätt noch immer jot jejange."**

Aber, und auch das ist ein **Kerngedanke aller Gespräche**: Nur zu sagen, dass **„et kütt, wie et kütt"**, reicht nicht mehr.

„Arsch huh, Zäng ussenander! Jetz, nit nähxte Woch!"

OLIVER WURM

HENRIETTE REKER

Oberbürgermeisterin der Stadt Köln

*Sehr geehrte Leser*innen,*

in diesem Jahr feiern wir ein ganz besonderes Jubiläum: das 75-jährige Bestehen unseres Grundgesetzes. Als Provisorium geschaffen, wurde es spätestens mit der Wiedervereinigung zum Grundstein für das Zusammenleben aller Deutschen. Die Fortführung dieser Form der gesellschaftlichen Übereinkunft muss täglich gegen unfreie und autoritäre Tendenzen verteidigt werden. Denn das Grundgesetz ist die Basis für die Entwicklung der Bundesrepublik Deutschland zu einem Staat, der Frieden und Gleichberechtigung für alle hier lebenden Menschen gewährleistet.

Daneben gibt es in unserem Land jedoch weitere, traditionsreiche Regeln und Normen, die unser Zusammenleben bestimmen. Deutschland ist ein Land vielfältiger regionaler Unterschiede in Sprache, Kultur und Brauchtum, die sich gegenseitig bedingen und beeinflussen und uns zugleich voneinander unterscheiden. **So ist es nicht verwunderlich, dass in vielen Köpfen feste Vorstellungen wie die der eigensinnigen, rheinischen Frohnatur entstanden sind, die wohl kaum jemand treffender festgehalten hat, als Konrad Beikircher in seinem „rheinisch Jrundjesetz".**

Auch wir Rheinländer*innen standen im Lauf unserer von Höhen und Tiefen geprägten Geschichte unter sehr unterschiedlichen Einflüssen, die uns bis heute prägen: Aus dem Süden kamen die Römer, gründeten unter den bescheidenen Siedlungen unsere heutige Stadt und brachten ihre Einflüsse aus Kultur, Religion und Technologie mit sich. Im Westen hatten wir seither große Nachbarn, die uns nicht erst seit der napoleonischen Herrschaft mit ihrer Sprache beeinflussten und zu denen wir seit Langem florierende Handelsbeziehungen pflegen. Aus dem Osten kamen die Preußen, die Köln und das Rheinland zum Teil eines gesamtdeutschen Staates machten und deren kulturelles Erbe noch heute überall sichtbar ist: Sei es auf unseren Straßen und Plätzen, in unseren Karnevalsvereinen oder wenn in Müngersdorf die ersten Takte von Preußens Gloria erklingen, sobald beim Torjubel

§1

Sparkasse KölnBonn

Kreissparkasse Köln

Köln Bonn Airport

UNIKLINIK KÖLN

STRABAG
WORK ON PROGRESS

Derichs & Graalmann
Kommunikation GmbH

PASSHÖHE
Agentur für Bewegtbildkommunikation

Mingers.

EXPRESS

koeln.de

RheinEnergie

1. FC Köln

REWE GROUP

Ford

FREUNDE WAND

Danke für Ihre Unterstützung.

Handelshof

MMC FILM & TV STUDIOS COLOGNE

RHEIN STARS KÖLN

IKEA®

Kölner Stadt-Anzeiger

STEPHAN KLEMM

Der freie Journalist und Buchautor verfolgte schon während seiner Zeit beim „Kölner Stadt-Anzeiger“ sehr genau die Erfolgsgeschichte von „Kasalla“. Als studierter Historiker weiß Stephan, dass es in der Weltgeschichte „nicht immer jot jejange“ ist. Im Gespräch mit Sänger Basti Campmann über die Bandgeschichte aber ging es auch um das Urvertrauen, das im 3. Artikel steckt.

CHRISTIAN FALK

2014 warf Lukas Podolski den renommierten Fußball-Reporter im WM-Trainingslager der deutschen Nationalmannschaft in den Pool – in voller Montur. In diesem Fall ein Ausdruck von Sympathie und Wertschätzung. Christian sollte mit der FC-Legende über Artikel 4 sprechen. Der Weltmeister aber war, wie auf dem Rasen, kaum aufzuhalten – sprach über alle elf Artikel und erfand kurzerhand noch einen zwölften.

KATHARINA PÜTTER

Die Schauspielerin, Autorin und Übersetzerin lebt in Berlin. Den gebürtigen Kölner Tobias Schlegl traf sie in dessen Wahlheimat Hamburg. „Nix bliev, wie et wor.“, Artikel 5, war ihr Thema. Es wurde ein äußerst intensives Gespräch über den Mut zur Veränderung und die ewige Neugierde.

HELMUT FRANGENBERG

Kaum einer kennt die Domstadt besser als der Journalist vom „Kölner Stadt-Anzeiger“. Ok, einer: Ludwig Sebus. „Ein kölsches Jahrhundert“ heißt das lesenswerte Buch, das Helmut über und mit dem 1925 geborenen Zeitzeugen geschrieben hat. Für uns unterhielten sie sich über Artikel 6 – und viel mehr. Beinahe jeder Satz des wunderbaren Ludwig Sebus hallt nach und lädt zum Innehalten ein.

TILL HOHENEDER

Mit „Till & Obel“ begründete er Anfang der 90er-Jahre die „Neue Deutsche Comedy“. Heute ist er ein gefragter Autor, Podcaster und Comedian. „Ein Schnupfen hätte auch gereicht“ heißt der Bestseller, den Till mit Gaby Köster schrieb. Beide kennen sich seit über 20 Jahren. Der Gedankenaustausch zu Artikel 7 war daher auch mehr ein Gespräch unter Freunden als ein Interview. Spoiler: mit überraschenden Erkenntnissen.

MARCEL SCHWAMBORN

Seit 2001 schreibt Marcel für den „EXPRESS“, viele Jahre leitete er dort die Sportredaktion, heute ist er „Leiter Report“. Mit Gaffel-Chef Heinrich Becker philosophierte er über kölsche Brauhauskultur, Köbesse und Karneval. Ob einer der beiden nach dem offiziellen Teil „Drinkste ene met?“ gefragt hat, wissen wir nicht. Ein Deckel jedenfalls wurde zur Abrechnung nicht eingereicht ...

TINA SCHLOSSER

Als die Wiesbadenerin vor über 20 Jahren nach Köln kam, konnte sie mit dem Karneval nichts anfangen. Heute steht die Journalistin und Buchautorin natürlich längst im Kostüm am Zoch, wenn „de Prinz kütt“, und räumt ein, dass es sie „weghaut“, wenn eine ganze Kneipe gemeinsam kölsche Lieder singt. Das perfekte Match also für ein Gespräch mit Sven Oleff zu Artikel 11.

Die Kölner Band **FAVORIT** liefert den Sound für unseren Trailer. „Nie jedaach“ heißt der Song. Achtung, Ohrwurm!
favoritmusik.de

Liebe Leserinnen, liebe Leser,

während der Arbeit an diesem Magazin haben wir die **unterschiedlichsten Schreibweisen der 11 Artikel** des „Kölschen Grundgesetzes“ entdeckt. Das beginnt schon bei einzelnen Wörtern („joot“ vs. „jot“). Hinter „Wat wellste maache“ setzen einige Autor:innen ein Ausrufezeichen, andere ein Fragezeichen. Und „Nix bliev, wie et wor“ findet man genauso oft wie die Variante „Et bliev nix, wie et wor.“ Kommata tauchen (beinahe immer) in den hochdeutschen Übersetzungen auf, mitunter aber auch in den kölschen Varianten – aber natürlich nicht in allen ... **Bitte seien Sie also gnädig mit uns!** Wir haben uns für die Schreibweise entschieden, die man auf dem Portal der Stadt Köln (koeln.de) findet. Dazu haben wir Kommata gesetzt – überall dort, wo der Duden es verlangt. **Et es, wie et es.**
Das noch: In manchen Interviews wird gesiezt, in anderen geduzt. Ich habe da nicht eingegriffen. Aber eines kann ich **Ihnen und Euch** versichern: Alle haben sich prächtig verstanden.
Nun aber viel Spaß!
OLIVER WURM

IMPRESSUM

HERAUSGEBER
Oliver Wurm (V.i.S.d.P.)
DESIGN
Andreas Volleritsch
ILLUSTRATIONEN
Dieter Braun
SCHLUSSREDAKTION
Broder-Jürgen Trede
REPRO & LITHO
Martina Drignat
DRUCK
B&K Offsetdruck GmbH
www.bk-offset.de
BUCHBINDER
DIV GmbH
VERTRIEB
Stella distribution GmbH

© für alle Beiträge:
Oliver Wurm | Medienbüro
Hein-Hoyer-Straße 16
20359 Hamburg

DE LEEV KULLEJE

GUNNAR JANS

1983 erlebte er im Troisdorfer Bürgerhaus das erste Mal „BAP“ live. Das erste Interview mit Wolfgang Niedecken führte Gunnar 1990. Es folgten zwei Dutzend weitere und mehr als 150 Konzerte. Der Journalist geboren und aufgewachsen in Siegburg, leitet die Redaktion des Stadtportals „muenchen.de“. Wir mussten ihn aber nicht zweimal fragen, ob er sich für das Gespräch über Artikel 1 in den Zug nach Köln setzt. Das Interview fand – natürlich – in der Kölner Südstadt statt.

BIRGITT SCHIPPERS

Ganz aktuell ist ihr Roman „REVELATIO. Ein Kardinal steigt aus.“ erschienen. Dass dieses Magazin über das „Kölsche Grundgesetz“ nun auch an den Büdchen und in den Buchhandlungen liegt, daran hat die Autorin, Kulturjournalistin und Moderatorin einen sehr großen Anteil. Die gebürtige Kölnerin war von Beginn an mit Begeisterung und vielen Ideen dabei – und hat gleich drei „Artikel-Gespräche“ selbst geführt: mit Franz Meurer (Artikel 2), Yasmine M‘Barek (8) und Biggi Wanninger (9). Als es dann final darum ging Konrad Beikircher, den geistigen Vater des „Kölschen Grundgesetzes“, zu interviewen, war sie natürlich bestens vorbereitet.

Et es, wie et es.

„Et ess, wie't ess", sang *Wolfgang Niedecken* bereits 2008. Bei dem Song hört er die Stimme seiner Mutter. Die hatte für jede Lebenssituation einen tröstenden Spruch.

Er wuchs in der Südstadt auf, direkt am Severinstor. Nach dem Studium der Freien Malerei tourte er mit „BAP" durch die Kneipen des Viertels und begeistert seitdem mit Kölsch-Rock das Land – seit mehr als 40 Jahren. Ende April erschien „Zeitreise", das Live-Album aus den Sartory-Sälen, auf dem „Niedeckens BAP" nur Stücke spielen, die älter als 40 Jahre sind.

Das „Kölsche Grundgesetz" begleitet ihn ebenso lange wie die Musik. Auch in den Artikeln stecke viel Tröstendes. Ein Gespräch über das Köln der Nachkriegszeit, politisches Engagement und einen ganz persönlichen Schutzengel …

Interview: Gunnar Jans

Wolfgang, Du singst in einem Deiner Stücke sogar über den 1. Artikel des „Kölschen Grundgesetzes", um den es in diesem Gespräch gehen soll.
Wolfgang Niedecken (73): „Et ess, wie't ess."

... Genau. Erschienen 2008, auf dem BAP-Album „Radio Pandora". Ein Liebeslied mit dieser schönen ersten Textzeile: „Et ess, wie't ess, do kammer nix maache, mer sinn uns einfach passiert." Hast Du dich da etwa von Konrad Beikircher und seinem „rheinischen Grundgesetz" inspirieren lassen?
(lacht) Nein, obwohl ich den Konrad Beikircher sehr gerne mag. Ein guter Typ. Als Südtiroler hat er sich regelrecht in die kölsche Seele reingekuschelt, sodass er sie vermutlich besser erklären kann als jeder andere. Aber ehrlich gesagt:

Bei „Et ess, wie't ess" höre ich die Stimme meiner Mutter. Bei ihr wimmelten diese Lebensweisheiten nur so umher.

Die hatte für jede Lebenssituation einen Spruch, der irgendwie tröstend war. Das ganze „Kölsche Grundgesetz", so wie es der Konrad Beikircher aufgeschrieben hat, ist jedenfalls total tröstend. Sicher auch ein bisschen redundant ... Nicht im Sinne von überflüssig, aber es beißt sich in den einzelnen Artikeln ja auch immer wieder mal die Katze in den Schwanz ...

Der erste Artikel heißt: „Et es, wie et es.", der zweite: „Et kütt, wie et kütt."
Und dann noch „Wat wellste maache?"

Das ist der siebte Artikel ...
Ja. Also, das ist schon alles sehr ähnlich und irgendwie auch leicht resignativ.

Artikel 3 hält dagegen. Da heißt es dann: „Et hätt noch immer jot jejange."
Und das ist sehr kölsch. Tröstend. Meine Mutter hatte die alle perfekt drauf, diese ganzen wunderbaren Lebensweisheiten, die ich als Kind natürlich auch klasse fand. Damit bin ich aufgewachsen.

Anfang der 50er-Jahre, in der Südstadt, wo Deine Eltern einen Lebensmittelladen hatten. Direkt an der „Vringspooz", der Severinstorburg. Was fand Deine Mutter in diesen kölschen Lebensweisheiten?
Diese Generation hat wirklich schlimme Zeiten durchleben müssen. Die mussten sich mit vielem abfinden, aber dann auch immer wieder neuen Lebensmut schöpfen. „Do kannste nix draan maache", das hat sie oft gesagt ... Meine Mutter wurde 1920 geboren. Als der Krieg losging, war sie 18 Jahre alt. Ihr Verlobter ist in Russland gefallen. Nach dem Krieg hat sie dann meinen Vater kennengelernt, der 16 Jahre älter war als sie. Er war zu jung für den Ersten Weltkrieg und zu alt für den Zweiten. Die zwei haben sich irgendwie gefunden. Vater hatte auch diese Stehaufmännchen-Mentalität. Was willst du denn auch machen, wenn eine ganze Stadt zerbombt ist! Es wird ja viel von den „heldenhaften Trümmerfrauen" geredet. Aber ihnen blieb ja nichts anderes übrig: Der Job musste ja gemacht werden! Die haben das dann mit ganz viel Fleiß geschafft, haben sich immer wieder hochgepäppelt. Dann kam die Wirtschaftswunderzeit, die sie ausführlich genossen haben, weil es ihnen endlich mal richtig gut ging. Das fand ich als junger Mensch natürlich alles total spießig.

Was genau? Die politische Einstellung der Generation? Das eher Konservative?
Damals war ich noch ziemlich intolerant. So nach dem Motto: „Ich wäre ja auf jeden Fall Widerstandskämpfer gewesen, auf Teufel komm raus!" Das habe ich gegenüber meinem Vater dann auch immer sehr deutlich gesagt. Oft auch mit drastischen Worten. Als junger Mensch hast du natürlich auch das Recht, unverschämt zu sein. Aber im ganzen Verhältnis zu meinem Vater war ich, rückblickend betrachtet, sehr selbstgerecht. Da habe ich mich oft ungerecht verhalten. Das hat mir im Nachhinein auch total leidgetan. Ein Resultat dessen war ja dann auch „Verdamp lang her!"

Die musikalische Auseinandersetzung mit dem Verhältnis zu Deinem Vater. Der erste richtig große BAP-Hit. Angefangen hat alles mit „Helfe kann dir keiner", Deiner ersten selbst geschriebenen Nummer auf Kölsch, Ende der 70er. Und da kommt dann auch der eben zitierte Satz Deiner Mutter vor: „Do kannste nix draan maache." Klingt auch nach so einer Lebensweisheit im Stile von „Et ess, wie't ess".
Stimmt. Ein sehr realistisches Lied über eine Situation, die jeder kennt: Liebeskummer. Du hast den Blues, gehst in die Kneipe, aber da ist auch keiner, den du kennst, und keiner, mit dem du drüber reden kannst. Und am Schluss denkst du dir: „Et bess wöhr, du jings heim."

War das eine Geschichte, die Du selbst erlebt hast?
Ich hatte damals wirklich Liebeskummer, saß mit der Gitarre klimpernd in meiner Küche und habe versucht, ein Lied nachzuspielen von einer Platte, die ich gar nicht besaß, weil ich kein Geld dafür hatte: „Cowgirl in the Sand" von Neil Young. Und auf einmal floss mein Liebeskummer in diese zwei Akkorde. Dann habe ich das Ding mit in den Proberaum genommen. Damals hatten wir eine Band, die ein bisschen gecovert und gejammt hat. Ohne eigenes Repertoire, ohne Ambitionen. Wir haben uns eigentlich nur getroffen, um einmal in der Woche einen Kasten Bier leerzuproben. *(lacht)* Und dann sagt der Hans Heres, unser damaliger Gitarrist: „Dat ess joot, da musste mieh vun maache!" Ja, so ging alles los.

Die „Black Fööss" sangen damals: „Drink doch eine met!"
Das mochte ich gern. Aber ich habe mich auch gefragt: Ist das denn realistisch? Dass die Leute den alten Mann, der da traurig und alleine vor der Wirtshaustür steht, nicht einfach da draußen stehen lassen, sondern ihn einladen? Das ist ja eine nostalgische Utopie, so wie auch der Fööss-Klassiker „In unserem Veedel". Beide Lieder helfen den Kölnern sehr. Weil sie trösten. Wie „Et ess, wie't ess".

Im gleichnamigen BAP-Song besingst Du die Liebe, auf die man sich verlassen kann: „Ejal ob aufwärts oder steil birchaff, ob Jipfelkrüzz, ob Tal, ejal ob Rögge- oder Jääjewind, em Zweifelsfall ess dir dat scheißejal." Eine Liebeserklärung an Tina, Deine Frau – mit der Du seit über 30 Jahren verheiratet bist.
Wir sind nicht nur ein Ehepaar, wir sind auch beste Freunde. Ich kann wirklich wahrheitsgemäß behaupten, dass die Tina mein bester Freund ist. Mit ihr kann ich über alles reden. Wenn man sich frisch verliebt hat, ist ja sowieso alles sensationell – auf Wolke sieben ist alles großartig. Aber wenn man über so viele Jahre auch einen Alltag miteinander erlebt hat, mit bewältigten und unlösbaren Problemen, mit Krisenphasen ... Wenn man alles zusammen erlebt hat, zusammen alt wird, finde ich das einfach noch viel großartiger. Wenn du all die ganzen Prüfungen durchgestanden hast und du denkst immer noch: Diese Eine ist es, ich will keine Andere! Tina und ich sind sehr →

auf Augenhöhe in unserer Beziehung. Ich ergänze sie, und sie ergänzt mich. Dieses Thema, dieses Sich-aufeinanderverlassen-können ... das kann auch sehr pathetisch daherkommen. Aber pathetisch will ich nie sein. Wenn etwas angestrengt pathetisch wird, verkrampft sich in mir sofort alles.

„Et ess, wie't ess, do kammer nix maache, mer sinn uns einfach passiert. (...) Et ess, wie't ess, wat soll ich jrooß saare? Ey, du bess unbezahlbar!" Im Text von „Et ess, wie't ess" klingt alles sehr unverkrampft.
Die Lockerheit dieser kölschen Lebensweisheiten ist schon sehr hilfreich. Und es macht dann auch viel mehr Spaß, sowas zu singen. Ich habe auch ernstere Liebeslieder geschrieben, bei denen ich mich eher davor gedrückt habe, den Satz „Ich liebe Dich" auszusprechen. Aber wie gesagt: Diese tröstenden Lebensweisheiten verhelfen einem zu einer Lockerheit. Dass man auch in der Lage ist, nicht alles so schwer zu nehmen. Ich bin zu Hause offen gestanden bei Weitem nicht immer der, der ich auf der Bühne bin.

Sondern?
Im Normalbetrieb bin ich oft sehr in mich versunken. Sehr eingegraben. Manchmal schleichen dann auch alle um mich rum und denken: Was hat er denn jetzt schon wieder? Wenn ich das bemerke, dann gebe ich mir Mühe, gut drauf zu sein. Aber ich bin auch einfach oft sehr traurig, wenn ich sehe, was in der Welt passiert. Das kann einen schon fertigmachen. Ich habe mir angewöhnen müssen, morgens nicht als Erstes auf dem iPad die Nachrichten einzuschalten. Denn dann laufe ich Gefahr, dass ich den Anderen den ganzen Tag versaue.

Wie holst Du Dich aus den Phasen der Traurigkeit wieder raus?
Was immer hilft: mit dem Hund durch den Wald gehen. Neil Young hat mal gesagt: „Der Wald ist meine Kirche." Ich ticke da ähnlich. Wenn du spürst, wie die Probleme dich bedrücken, und dann gehst du raus und siehst, wie wunderschön die Natur Hand in Hand funktioniert und alles irgendwie regelt – da willst du dann doch nicht derjenige sein, der sich gegen alles sperrt. Draußen fühle ich mich als Teil eines Ganzen. Dieser pantheistische Begriff ... sowas hilft mir meistens.

„Et ess, wie't ess" – ist das also etwas Ur-Kölsches? Diese Gelassenheit, Dinge, die man sowieso nicht ändern kann, auch mal hinzunehmen und zu ertragen?
Jedenfalls zu behaupten, dass man das schon geregelt kriegt – und damit auch keinem auf den Wecker fallen will. Ja, das ist ziemlich kölsch. Also miesepetrig will man nicht sein. Man will auch nicht verschrien sein als derjenige, der ständig am Granteln ist. „Grantlhuber" nennt man die ja in Bayern. Als Grantlhuber wärst du in Köln sehr unbeliebt. Diese Typen mag man hier einfach nicht. Da ist es schon besser, wenn du jemanden triffst, von dem du genau weißt: Dem geht es eigentlich nicht gut. Aber der sich dann anders gibt: „Wie isset? Am liebsten joot!" Von denen gibt es viele! Aber wenn du die dann tatsächlich besser kennst, da kannst du dann ein paar Stunden später auch fragen: „Und wie isset wirklich?" Und dann sagen sie's dir auch sehr ehrlich. Aber nie ungefragt! Furchtbar wäre das: Du kommst irgendwo rein – und dann kommt einer direkt mit seinem ganzen Ballast auf dich zu! Das will man selber nicht erfahren, das will man auch keinem anderen antun!

„Et ess, wie't ess" – das bedeutet allerdings auch: Schicksalsschläge annehmen und positiv damit umgehen. Als Du 2011 einen Schlaganfall erlitten hast, ...
... da hatte ich einen hervorragenden Schutzengel. Ohne die Tina, die mich

gefunden und dem Notarzt dann sofort klar vermittelt hat: „Mein Mann hat einen Schlaganfall!“ ... Ohne diese Klarheit wäre das alles nicht gut ausgegangen.

Als Du danach in der Reha die Sprache wieder mühevoll neu erlernen musstest – war das auch so ein Moment, in dem Du Dir gesagt hast „Et es, wie et es.“?
Ich bin ja sonst nicht unbedingt immer der größte Optimist. Aber in dieser Phase war ich es. Ich habe die Ärzte getröstet, die mit Bedenkenträger-Mienen vor mir standen und nicht so dreinschauten, als ob das jemals noch mal wird wie vorher.

Denen habe ich gesagt: „Et weed schon ...“ – Woher ich das wusste? Keine Ahnung.

Vielleicht ist das am Ende doch diese katholische Grundüberzeugung, dieses „Dä Herrjott määt dat schon!“ Ich bin ja kein Atheist. Ich bin restkatholisch, aber auch ohne Konfessionszugehörigkeit auf irgendeine Art gläubig.

Wer „restkatholisch“ ist, bewahrt sich dieses Grundvertrauen, dass alles gut geht. Womit wir bei Artikel Nr. 3 sind: „Et hätt noch immer jot jejange!“
Das ist ziemlich kölsch und, ja, auch ziemlich katholisch. Das Irre ist ja, dass ich das tatsächlich genau wusste und dass ich nie daran gezweifelt habe, dass alles wieder gut wird. Ich habe auch nicht hinterfragt, wieso mir das passiert ist. Ich wusste das einfach: Es wird wieder gut. Kennst Du noch „Don Camillo und Peppone“? Manchmal komme ich mir vor wie Don Camillo – wenn der liebe Gott ihn in den Filmen fragt: „Was hast Du denn da wieder gemacht?“ Manchmal rede ich auch mit dem „Chef“. Imaginär: „Habe ich das jetzt richtig gemacht? Oder war das schlecht?“ Ich habe ein Don-Camillo-haftes Verhältnis zur Religion.

1982 hast Du „Wenn et Bedde sich lohne däät“ geschrieben. Ein Stück, das gesellschaftliche Missstände anprangert und die Frage nach dem „Warum“ stellt. Du spielst das heute wieder, auf „Zeitreise“ – dem aktuellen Live-Album und der dazugehörigen Tour. Im Text heißt es: „Mir sinn all zosamme om Kreuzwääsch, etwa do, wo mer et dritte Mohl fällt (...).“ Klingt aktueller denn je.
Es ist unfassbar. Ich bin ja auch nicht der Einzige, der nicht versteht, warum die Menschen so bescheuert sind. Warum es wieder Kriege gibt vor unserer Haustür. Dieses Stück haben wir nach 35 Jahren zum ersten Mal wieder auf der „Alles fließt“-Tour gespielt, kurz nach Corona. An der Stelle wurde es dann plötzlich ganz still, und anschließend gab es einen Riesen-Applaus. Wir wollten bei der ersten Tournee nach Corona möglichst viel vom neuen Album spielen und haben das dann garniert mit einigen ganz alten Stücken aus den Jahren 1980 bis 1982. Wir haben dann schnell gemerkt, wie sehr die Leute von der Musik gerührt waren, wie ergriffen, bis hin zu Freudentränen. Solche Momente wie bei „Wenn et Bedde sich lohne däät“ oder auch bei „Zehnter Juni“ gaben den Anstoß, die „Zeitreise“ mit diesen 40 Jahre alten oder teils auch noch älteren Songs zu konzipieren.

„Zehnter Juni“ ist geradezu eine Hymne gegen Artikel 1. Von wegen „Et es, wie et es.“ – im Refrain singst Du: „Plant mich bloß nit bei üch en!“ Ein Lied gegen das politische Establishment. Ein politischer Song, der das Aufbegehren beschreibt, das Sich-nicht-arrangieren mit allem, was von oben kommt.

→

Ja, das war eine ganz entschiedene Aussage. Das habe ich geschrieben, nachdem wir am 10. Juni 1982 in Bonn auf dieser Friedensdemo gespielt haben, als 300.000 Menschen gegen den NATO-Doppelbeschluss protestierten. Aber das ist natürlich auch ein Ding, bei dem ich mittlerweile sagen muss, die Haltung von damals könnte man sich heute nicht mehr erlauben, also komplett gegen Nachrüstung zu sein. Es braucht dieses Gleichgewicht, um Despoten wie Putin in Schach zu halten. Und ich weiß noch sehr gut, wie mich vor mehr als zwei Jahren, als der russische Angriffskrieg gegen die Ukraine schon im Gange war, ein Journalist befragt hat zum 40. Jahrestag von „Zehnter Juni" und wissen wollte, ob ich denn dieses Lied heute so noch mal spielen würde. Und kurz danach kam die sogenannte Teilmobilisierung in Russland. Hunderttausende von jungen Russen haben sich damals ins Ausland abgesetzt, wollten sich nicht einplanen lassen bei diesem Krieg. Da dachte ich: „Irre! Auf einmal stimmt die Nummer wieder!"

„Nix bliev, wie et wor" lautet Artikel 5 des „Kölschen Grundgesetzes". Bist Du eher der „Nichts bleibt, wie es ist"-Typ? Du hast schon immer gegen das Establishment angesungen ...

Das hab ich auch immer durchgehalten. Ich habe mich immer erfolgreich dagegen gewehrt, mich anzupassen. Dann hätte ich keinen Spaß mehr an dem Ding gehabt. Ich habe mich, als ich Freie Malerei studierte, nicht angepasst. Und ich habe mich auch in der Musik nicht angepasst – was natürlich auch für die Band dann nicht immer einfach war. Aber ich bin jetzt 73. Das ist ein Alter, in dem man besser weiß, wo man sich erfolgreich aufregen kann – und wo man besser sagt: „Komm, hat eh keinen Zweck, warum soll ich mich verrückt machen, wenn sowieso nichts mehr zu ändern ist."

Was meinst Du zum Beispiel?

Nehmen wir die nicht erfüllten Klimaziele. Eines der wichtigsten Themen überhaupt, das mich ständig begleitet. Aber ich weiß, dass ich bestimmte Umstände nicht verändern kann. Denn es will ja keiner auf irgendwas verzichten. Und die Klimaziele kriegt man nur auf die Reihe, wenn alle bereit sind, auf irgendwas zu verzichten. Ausnahmslos. Ich habe mich sehr gefreut über „Fridays for Future" und großen Respekt vor dem, was die junge Generation da an Engagement gezeigt hat. Aber Corona, der Krieg gegen die Ukraine, der Gaza-Krieg ... das alles hat die Klimadebatte dermaßen in den Hintergrund gedrängt, dass mir das Thema riesige Sorgen macht und ich daran verzweifeln könnte. Das aber ändert ja auch nix ... Doch ich habe auch Hoffnung: Meine jüngste Töchter ist jetzt Mitte 20, die Große 30, und ich kenne viele junge Menschen aus der Altersgruppe, die Gott sei Dank noch nicht resigniert haben. Gut so.

Es gibt diese Themen, wo Du immer noch aufschreist, Dich engagierst. Das Thema Fremdenfeindlichkeit ist so eins.

Ja. Beim Thema Fremdenfeindlichkeit haben wir unser größtes Statement schon 1992 gesetzt ...

Die große „Arsch-huh"-Demo auf dem Chlodwigplatz.

Das hallt auch über dreißig Jahre später noch in der Stadt nach, und darüber bin ich sehr happy. Ich glaube, „Arsch huh, Zäng ussenander" ist der wirkungsmächtigste Text, den ich jemals geschrieben habe. Über „Kristallnaach" kannst du gerne im Feuilleton räsonieren, aber „Arsch huh", das ist eine Aufforderung! Das ist ja schon hart am Polit-Rock vorbeigeschlittert. Einfach deswegen, weil mir die Situation selber passiert ist.

Du hast das selbst erlebt: Dass einer in der Bäckerei einen Rassistenspruch gemacht hat beim Brötchenholen – und Du nichts dagegen gesagt hast.
Ich war der Kerl in der Bäckerei, den ich besinge. Ich war an dem besagten Morgen noch nicht in der Lage, dem Typen Paroli zu bieten. Ich war noch zu müde und hab gedacht, mit dem Arschloch, mit dem gebe ich mich jetzt nicht ab. Und dann sitze ich kurz danach auf dem Fahrrad und denke: „Wie bist du denn mittlerweile drauf? Du bist ja noch nicht mal in der Lage, diesem Typ zu sagen: Spar Dir Deine scheiß Sprüche!" Das war die Zeit, als die Asylantenheime brannten. Es war mir äußerst unangenehm, wie ich da reagiert habe. Eben dass ich gar nicht reagiert habe.

Du hast dann mit der AG Arsch Huh eine der größten Demos in Köln aufgezogen und am 9. November 1992 mehr als 100.000 Menschen auf dem Chlodwigplatz zusammengebracht.
Ich glaube, das war deswegen so erfolgreich, weil ja alle gemerkt haben, was plötzlich los ist in diesem Land, zwei Jahre nach der Wiedervereinigung. Plötzlich brannten die Unterkünfte, die Bilder von Rostock-Lichtenhagen hast du nicht mehr aus dem Kopf gekriegt. Das hörte einfach nicht auf. Und 1993 der Brandanschlag in Solingen, die nächsten rassistisch motivierten Morde. Da haben wir gedacht, wir müssen alle was tun, damit das nicht so weitergeht. Diese Erfahrung haben alle Menschen in Deutschland zur gleichen Zeit gemacht. Ein bisschen vergleichbar mit diesem Potsdamer Geheimtreffen mit AfD-Beteiligung und den danach folgenden Demonstrationen gegen Rechts im ganzen Land.

Du warst 2024 bei der großen Demo am Kölner Rheinufer wieder mit dabei.
Erfreulicherweise finden diese Demos ja nicht nur in den großen Städten wie Köln oder Berlin statt.

In kleinsten Eifeldörfern haben die Leute sich auf irgendeinem Platz getroffen und gegen Rechts demonstriert. Das hat mir wieder Mut gemacht. Es ist noch nicht zu spät.

„Wat wellste maache?" – der eher resignativ wirkende 7. Artikel, das Sich-abfinden, ist nicht Dein Ding?
Ich werde niemals ein unpolitischer Mensch sein. Ich bin immer neugierig, immer noch ein Nachrichten-Junkie. Ich muss alles wissen. Und ich bin Selbstdenker. Ich brauche keinen, der mir was vordenkt. Und ich bin flexibel genug, mir aus allen Informationen dann meine eigene Meinung zu bilden – und sie im Laufe der Jahre und Jahrzehnte auch immer wieder neu zu justieren. Ich möchte mir ein Umdenken erlauben, möchte die Dinge und auch mich selbst und meine Haltungen immer überprüfen und auch infrage stellen: Das ist schon gut so!

§2

Et kütt, wie et kütt.

„Kölsche Franziskus“ und „Don Camillo aus Vingst“ – der römisch-katholische Pfarrer *Franz Meurer* hat von den Kölschen aufgrund seines leidenschaftlichen Einsatzes für soziale Gerechtigkeit gleich mehrere liebevolle Spitznamen bekommen.

Nicht nur in seiner Pfarrei „St. Theodor und St. Elisabeth“ ist Franz Meurer bekannt für sein unorthodoxes und pragmatisches Engagement für Menschen in Not – ungeachtet ihrer Herkunft und Religion.

„Et kütt, wie et kütt“, heißt für ihn keineswegs, die Dinge laufen zu lassen und sich in sein Schicksal zu ergeben. Pfarrer Meurer ist überzeugt: „Jeder kann für jeden zum Segen werden.“

Interview: Birgitt Schippers

Herr Meurer, „Et kütt, wie et kütt" – was sagt Ihnen dieser 2. Artikel des „Kölschen Grundgesetzes" ganz persönlich?

Franz Meurer (73): Das sagt über uns Kölsche, dass wir nicht nur zurückgucken nach dem Motto „Et es, wie et es", sondern dass wir auch in die Zukunft schauen und voller Zuversicht sagen, egal was kommt: Wir halten zusammen.

Aber steckt in diesem Spruch nicht auch so ein bisschen die Erfahrung, dass wir hinnehmen müssen, was in unserem Leben so passiert?

Für mich steht da im Hintergrund auch die Frage nach der Ungerechtigkeit in der Welt. Ich habe mal mit einem Kölschen zusammengesessen, und der hat gesagt: „Der Herrgott ist ein Arschloch." Warum hat er das gesagt? Er war Analphabet und hätte gerne Lesen und Schreiben gelernt, dann wäre er nicht Hilfsarbeiter gewesen. Aber er hat eine ganz tolle Frau, mit der er seit 48 Jahren glücklich verheiratet ist. Also sagte ich zu ihm: „Merkst Du nix?! Et kütt, wie et kütt. Das heißt, Du hast doch unterm Strich ein gutes Leben." „Ja", sagte er, „da hast Du wohl recht. Meine Frau und ich haben immer zusammengehalten". Was ich meine: „Et kütt, wie et kütt" muss hier moralisch qualifiziert werden durch den Grundsatz: „Ich loss Dech nich im Riss." Dazu gehört dann aber auch die gesellschaftliche Verantwortung, Menschen nicht im Stich zu lassen, sie zu befähigen, in ihrer Entwicklung weiterzukommen und teilzuhaben. Der Nobelpreisträger und Wirtschaftsprofessor Amartya Sen nennt das Befähigungsgerechtigkeit.

Also, einfach alles so laufen lassen, geht so gar nicht ...?

Nein, das geht nicht! Denn zu „Et kütt, wie et kütt" gehört auch, dass jeder für jeden zum Segen werden kann. Die wichtigsten Dinge im Leben kann keiner selbst. Keiner kann sich selber kitzeln. Keiner kann sich selber streicheln. Ja, klar: Man kann das natürlich tun – aber man hat halt nichts davon. Ebenso kann sich niemand seine Schuld vergeben. Wir sagen oft: „Ich entschuldige mich ..." Aber das ist logischer Quatsch. Ich kann nur sagen: „Bitte verzeih mir."

Ich lebe für andere, nicht gegen andere. Ich lebe mit anderen, nicht ohne andere. Ich lebe bei anderen, nicht neben anderen.

Zugegeben, ich entfalte das hier nun ein bisschen, aber das ist ja auch wichtig beim „Kölschen Grundgesetz": alles in alle Richtungen entfalten – so wie eine Blume, die blüht.

„Et kütt, wie et kütt" ist also keineswegs ein Freifahrschein für einen Egotrip?

Wer nur zum eigenen Vorteil bestimmen will, wie et kütt, der scheitert. Sogar Klüngeln ist super, wenn es bedeutet, gemeinsam etwas zu tun, um zum Beispiel den Armen zu helfen oder ein bisschen mehr Gerechtigkeit und Gleichheit in die Welt zu bringen. Aber wenn Klüngeln nur dazu nutzt, dass ich einen Vorteil habe, dann ist es falsch. Oder dieser furchtbare Hire-und-Fire-Kapitalismus – das ist „et kütt, wie et kütt" im wirklich schlechten Sinne.

Angesichts der aktuellen Weltlage blicken die Menschen eher pessimistisch in die Zukunft, wollen sich im Hier und Jetzt Gutes tun. Viele denken sich: nach mir die Sintflut! Keine gute Zeit für Ihr Verständnis von „et kütt, wie et kütt" ...
Ja, man könnte sagen, demnächst gibt es keine Autos mit Verbrennermotoren mehr, also kaufe ich mir jetzt ein SUV. Ich könnte ebenso sagen: Ich bin jetzt über 70, und solange ich noch hier atme, nehme ich mit, was ich kriegen kann. Aber in dem Zusammenhang will ich gleich mal die Klimafrage stellen: Möchten wir denn wirklich unsere Welt, so wie sie jetzt ist, an unsere Kinder und Enkel weitergeben? Nein. Das geht nicht. Die Fakten liegen doch auch alle auf dem Tisch. Es geht jetzt nurmehr darum, wie wir sie umsetzen. Also: Et kütt, wie wir et wollen, dat et kütt!

„Et kütt, wie et kütt" ist auch eine Aufforderung, aus dem Vorhandenen das Beste zu machen. Wir sind da, um unsere Erde zu gestalten. Das ist unser Job!

Macht es Sie nicht wütend, dass heute so viele dem Treiben da draußen in der Welt eher pessimistisch und passiv zuschauen?
Sagen wir mal so: Wütend nicht so sehr, eher stimmt es mich traurig. Also ich bin schon manchmal traurig, wenn sich der Blick der Leute so sehr verengt. Ich war zum Beispiel kürzlich bei einer Buchvorstellung zum Thema „Die Letzte Generation". Da war ein junger Mann dabei, der damals nicht nur in den Hungerstreik gegangen ist, sondern auch nichts getrunken hat. Die Klimakleber sind bereit, ihr Leben hinzugeben! Das sind Heilige. Aber, und das wäre jetzt mein Einwurf: Wenn es nicht ankommt bei den Leuten, wenn die das nicht kapieren können, dann ist es für die Katz. Da liegt aus meiner Sicht der entscheidende Faktor. Ich muss mir doch Gedanken machen, wie man den Zugang zu den Menschen gewinnen kann. Wie kann ich vermitteln, was über das Sichtbare, über das für alle ohnehin Erkennbare hinausgeht?

Es geht Ihnen um die moralische Dimension, die so schwer zu vermitteln ist?
Lassen sich mich eine kleine Geschichte erzählen, von Leo Tolstoi: Ein Mensch war sehr reich und hatte alles, was man sich so wünschen und denken kann. Einen Rolls Royce, einen Bodyguard, einen Leibkoch und einen Leibarzt. Wunderbar! Und 100 Säcke Gold hatte er obendrein. Eines Tages sagte er zu seinem Lieblingsdiener: „Wenn ich sterbe, bette den Sack Gold in mein Grab. Man muss für sich vorsorgen!" Er stirbt, und kommt tatsächlich im Himmel an. Völlig außer Atem setzt er sich auf die nächste Wolke und verspürt Hunger. Auf der übernächsten Wolke findet er das Restaurant „Zu den Sieben Engeln". Er tritt ein und sieht: Jedes Gericht kostet eine Kopeke. Es ist ein Selbstbedienungsrestaurant, und er füllt sich den Teller voll. Dann steht er vor dem Engel, der kassiert. Dieser sagt ganz höflich: „Eine Kopeke, bitte." „Och", sagt der reiche Mann, „hier hast Du zehn Kopeken! Der Rest ist Trinkgeld. Ich kann mir das nämlich wirklich erlauben." „Och", erwidert der Engel, „wusstest Du nicht, dass man im Himmel nur mit dem bezahlen kann, was man auf der Erde verschenkt hat? „Et kütt, wie et kütt" – aber so kütt et och.

→

Und was heißt das für uns heute?
Das ist ja recht einfach: Wenn du reich werden willst, musst du teilen. Wer nicht teilt, wer nur Macht ausüben und über andere bestimmen will, der scheitert. Demokratie heißt ja nicht nur Mehrheitsabstimmung, sondern ist ein „Way of Life". Demokratie heißt Respekt. Demokratie heißt Gewaltenteilung. Und da liegt im übrigen auch ein Problem der Kirche. Man könnte mit „Et kütt, wie et kütt" schon ziemlich weiterkommen, wenn man auch mal hinterfragt: „Ja, wie kütt et denn?"

Diese Verantwortung für das, was in der Zukunft sein wird, gilt ja für jeden Einzelnen von uns. Hat „Et kütt, wie et kütt" auch eine psychologische Komponente?
Ja. „Et kütt, wie et kütt", psychologisch betrachtet, meint: Du musst dich so annehmen, wie du bist. Versuche also rauszukriegen, was deine Eigenheit ist. Ich zum Beispiel bin zwanghaft und hysterisch. Das ist gefährlich, wenn man das nicht im Griff hat. Ich war noch nie zu spät in über 40 Jahren als Pfarrer. Einmal allerdings hat mich die Sekretärin gerettet, weil ich die Zahlen verwechselt habe ... Aber ich kann mich auch dauernd an Neuem freuen. Also: Wat kütt, ist doch wunderbar! Nebenbei: „Et kütt, wie et kütt" – dafür sorgt der Schutzengel.

Ein solches Gottvertrauen ist allerdings nicht jedem in die Wiege gelegt ...
Ja, der Herr macht es uns nicht einfach. ... Papst Benedikt, ein Konservativer, wurde einmal gefragt: „Wie viele Wege gibt es zu Gott?" Und er antwortete: „So viele, wie es Menschen gibt." Mein Bruder ist mit seiner Frau aus der Kirche ausgetreten, aber er hat trotzdem für uns und unsere Gemeinde immer wieder alles Mögliche repariert. Das heißt, er engagiert sich für die Kirche. Nebenbei sagte er mir eines Tages, dass er und seine Ehefrau 72 Euro für den Kirchenaustritt bezahlen mussten. Das ist so krank, kranker geht es gar nicht ...

Auch Katholiken, die noch in der Kirche sind, haben ihr Gottvertrauen verloren.
Stimmt. Dass heute nur noch die Hälfte der Katholiken im Vergleich zu vor 20 Jahren betet, das sind nicht wir an der Basis schuld, das sind die Bischöfe und der Papst schuld. Weil sie dafür sorgen, dass die Menschen den Eindruck haben, sie seien nicht ehrlich. „Et kütt, wie et kütt" hat auch mit der Frage zu tun: Wem legt man was zur Last? Früher hat man gesagt: Katholisch heißt „sowohl als auch". Man kann aber weitergehen: Die Wahrheit ist symphonisch, sagt der große Theologe Hans von Balthasar. Das heißt: Jeder Beitrag zählt. Mutter Theresa setzt noch einen drauf, wenn sie sagt: „Der Christus, den ich im Krankenbett pflege, ist derselbe, den ich in der Eucharistie empfange." Religion ist das Gefährlichste, was es auf der Welt gibt.

Warum?
Wenn der russisch-orthodoxe Patriarch Kyrill und Putin sagen, es gibt keine größere Liebe, als wenn einer sein Leben für seine Freunde gibt, und sie dann diesen Spruch über Jesus auf die Soldaten anwenden, wird deutlich, wie sehr man die Bibel missbrauchen kann. Aber Teresa von Ávila, meine Lieblingsheilige, sagt:

„Ob wir Gott lieben, wissen wir nie in unserem Leben. Ob wir unseren Nächsten lieben, merkt man jeden Tag."

Das ist natürlich so ein richtig tiefer Spruch, der zu „et kütt, wie et kütt" passt. Was Ihr dem Geringsten tut, das habt Ihr mir getan. Also der Himmel öffnet sich, wenn wir füreinander, beieinander und miteinander arbeiten. Da ist doch ganz einfach zu verstehen.

Gehört zu „Et kütt, wie et kütt" auch eine Spur Gelassenheit?

Ja. Es ist wichtig, sich Zeit zu nehmen. Zum Beispiel bei Entscheidungen.

Ich habe fast alle guten Ideen nachts. Ich schreibe sie dann gleich auf, sonst sind sie alle weg.

Zu „Et kütt, wie et kütt" gehört auch, die wichtigen Dinge rechtzeitig anzugehen. Aber es ist natürlich auch richtig, dass nicht jeder gelassen sein kann. Das ist mitunter ganz schön schwer. 28 Prozent der Haushalte bei uns sind überschuldet. Wenn Geldsorgen drücken, dann bist du nicht mehr gelassen …

„Et kütt, wie et kütt" – was wünschen Sie sich denn für die Zukunft?

Albert Einstein hat gesagt: „Leben ist wie Fahrradfahren – wir müssen uns bewegen."

Eine berühmte Geschichte macht klar, was das meint:

Ein Scheich kommt in einen Saal, wo er predigen soll. Der Saal ist total überfüllt, die Erwartungen sind groß, alle sind gespannt. Damit auch die letzten vor der Tür Stehenden noch einen Platz finden, ruft der Saaldiener der Menge zu, dass ein jeder von da, wo er nun stehe, doch einen Schritt nach vorne gehen solle. Als der Scheich das hört, sagt er zu den Leuten: „Alles, was ich sagen wollte, hat der Saaldiener bereits gesagt." Dann dreht er sich um und verlässt die Stadt. Diese Geschichte habe ich in dem Buch von Navid Kermani mit dem Titel „Jeder soll von da, wo er ist, einen Schritt näher kommen" gelesen.

Ich fände es ganz wunderbar, wenn jeder einen Schritt nach vorne geht, sich bewegt. Das gehört für mich auch zu „Et kütt, wie et kütt". Man muss sich wirklich bewegen. Wer stehenbleibt, hat verloren.

§3

Et hätt noch immer jot jejange.

Den 17. Juni 2022 wird *Basti Campmann* nie mehr vergessen. 40.000 Fans feierten an diesem Tag die Kölsch-Rock-Band „Kasalla“ im Rhein-Energie-Stadion. Und nicht nur bei dem Sänger liefen während des Konzerts die Tränen. Die großen Emotionen hatten auch mit der langen Vorgeschichte dieses Stadion-Auftritts zu tun. Und die begann im Sommer 2020 …

Die musikalische Et-hätt-noch-immer-jot-jejange-Story der Band startete bereits 2011. Als zwei Jungs morgens um drei auf einer WG-Party in der „Stadt mit K“ entschieden, die Musik, die sie gut finden, mit der Sprache, die sie lieben, zu verbinden. Oder kurz: „Jetz jitt et Kasalla!“

Interview: Stephan Klemm

Basti, im Sommer 2020 wolltest Du mit „Kasalla" das zehnjährige Band-Jubiläum mit einem Open-Air-Konzert im Kölner RheinEnergie-Stadion feiern. Die Stimmung in der Band war euphorisch, das Projekt lief – doch dann kam es zum Rückschlag und zur Absage aufgrund der Corona-Pandemie. Wie habt Ihr diese schlechte Nachricht damals verarbeitet?
Basti Campmann (47): Es deutete sich schon früh im Jahr an, dass wir Probleme bekommen würden. Schon im April 2020 mussten wir erste kleinere Konzerte absagen. Als wir das Aus aber schwarz auf weiß vorliegen hatten, war das der bis dahin härteste Schlag, den wir als Band hinnehmen mussten. Wir haben dann, gemeinsam mit der Stadionverwaltung, sofort den Entschluss gefasst: Diesen Auftritt holen wir nach!

Es lief dann auf den Sommer 2021 hinaus. Doch auch da war noch nichts möglich ...
Das war schon im März absehbar. Wir waren aber weiter fest davon überzeugt, dass diese Nummer nur aufgeschoben ist. Wir wussten einfach, dass wir eines Tages da oben im Stadion auf der Bühne stehen würden.

Am Ende galt: „Et hätt noch immer jot jejange." Am 17. Juni 2022 standet ihr in Müngersdorf auf der Bühne. War der 3. Artikel des „Kölschen Grundgesetzes" in dieser Zeit ein Leitmotiv für die Band?
Absolut! Wir wurden in der Corona-Zeit mit Auflagen epischen Ausmaßes konfrontiert. Mit der rheinischen Mentalität, die dem Artikel zugrunde liegt, kommst du selbst durch solch absurde Zeiten. Es gehört dazu, dass du Krisen annimmst, gegen sie ankämpfst und bestenfalls an ihnen wächst. Das alles steckt ja in diesem Artikel, der so einfach daher kommt, mit drin. Du darfst die Hoffnung und die große Lust auf das Leben nie verlieren. Dieses Ur-Vertrauen hilft sehr.

„Alles kann, Kölsch muss." So lautet Euer Band-Artikel Nummer 1. Warum?
Die Band haben Flo Peil und ich quasi nachts um drei Uhr auf einer WG-Party gegründet. Das Thema „Kölsch" war von Beginn an der rote Faden der Idee. Die Sprache ist ein prägender Teil der Identität dieser Stadt, eine der Besonderheiten von Köln. Wir haben uns von Beginn an gesagt: „Lass uns die Musik, die wir gut finden, mit der Sprache, die wir lieben, verbinden." Wir wollten nicht einfach eine weitere Deutsch-Rock-Pop-Band gründen.

Beherrscht Ihr das Kölsche denn perfekt?
Verstanden habe ich schon immer alles. Mich haben die rockigen Stücke von „Brings" sozialisiert. Aktiv gesprochen habe ich Kölsch aber anfangs nicht, das kam erst mit den Jahren. Kölsch war in meiner Jugend beinahe schon verpönt. Ich bin ja auch der einzige gebürtige Kölner der Band – die anderen kommen aus der Umgebung. Sie sprachen alle „Rheinisch", aber eben kein echtes Kölsch. Das ist längst anders. Bisweilen finden Kritiker natürlich dennoch mal kleine sprachliche Angriffspunkte in unseren Texten. Aber die Sprache ist ja auch etwas Dynamisches. Es gibt Textideen, die kannst du im reinsten Kölsch nur sehr schwer in einem Song rüberbringen. Dann biegen wir das hier und da auch mal ein bisschen. Das hat Wolfgang Niedecken mit „BAP" und das haben auch andere vor uns schon getan. Wo das Kölsch nicht so eindeutig war, wird es dann ein wenig sprachlich umschifft. Wenn die Hüter der reinen Lehre uns dann sagen: „Jungs, das ist kein reines Kölsch, was Ihr da singt", dann hören wir gerne und aufmerksam zu. Wir sind immer bereit, zu lernen. Und wenn Texte auch in reinem Kölsch funktionieren – umso schöner.

Der Song „Stadt mit K" ist eine Ode an Köln. Was bedeutet Dir die Stadt mit K?
Köln ist Heimat. Hier gehöre ich hin, hier fühle ich mich wohl – und bestens aufgehoben. Ich liebe die Menschen hier. Und ich liebe die Art und Weise, wie die Kölnerinnen und Kölner miteinander umgehen. Die Leidenschaft, das große Herz.

In einer Zeile heißt es: „Du bist wellkommen in der Stadt mit K." Ist das auch als ein politisches Statement zu verstehen? Stichwort „Willkommenskultur"?
Ja. Das haben wir bewusst platziert. Das ist für uns eine wichtige Botschaft. Wir schätzen die kulturelle Vielfalt Kölns, weil sie die Stadt belebt.

Im Film „Kasalla im Stadion", der den Stadion-Gig dokumentiert, wird deutlich, dass dieses Konzert eine Herausforderung war. Ihr wirkt beinahe ehrfürchtig …

In den Stunden vor dem Konzert waren wir alle emotional sehr aufgeladen, da flossen Tränen – vor Rührung, auch aus Anspannung. Aber Angst, das meine ich erkannt zu haben: Angst hatten wir nicht.

Das war eher eine große Freude. Wir wussten: Die Fans tragen uns da durch. Das ist ja überhaupt das Größte für jede Band: wenn die Leute komplett mitsingen, was du dir irgendwann einmal im Studio ausgedacht und erarbeitet hast. Das füttert dich mit einer enormen Energie. Das ist so ein unfassbares Geschenk.

Bassist Sebastian Wagner sagt im Film: „Normalerweise treten im Kölner Stadion nationale Stars oder Weltstars auf. Und jetzt sind wir da."
Und ich kann gut verstehen, dass der Sebi das gesagt hat. Das ging uns, glaube ich, allen durch den Kopf. Dass wir mit dem Song „Pirate" 2011 gleich zum Start einen Nerv in der Stadt getroffen haben, das war ja auch ein bisschen Glück. Aber das Stück hat uns alle Türen geöffnet.

Wie war die Nacht vor dem Konzert?
Ich konnte nur anderthalb Stunden schlafen. Die Tontechniker haben nach unserer finalen Probe am Abend noch weitere Soundchecks durchgeführt. Ich wohne ganz in der Nähe des Stadions und konnte das dann alles in meinem Garten hören. Ich weiß noch, wie ich dachte: „Wie krass ist das, dass dieser Check für uns gemacht wird?" Okay, das hat dann nicht gerade dazu beigetragen, dass ich schnell einschlafen konnte …

Und dann fiel endlich der Vorhang. Und 41.000 Fans standen erwartungsfroh vor der Bühne. Wie war das?
Wir alle hatten in diesen letzten Minuten emotionale Ausbrüche. Es liefen auch auf der Bühne noch einige Tränen. Aber dann waren wir schnell drin. Und nach einer Zeit schaute ich die anderen an, und in allen Gesichtern war abzulesen: „Oh krass, jetzt ist ja die Hälfte schon vorbei." Wir haben uns da so reingeworfen, wir waren wirklich maximal im Flow – dieser ganze Auftritt verging wie im Flug.

→

Und die Zeit danach? Wie lange schwang der Abend im Kopf und im Bauch nach?
Wir sind gefühlt über Stunden gar nicht runtergefahren. Wir hatten direkt im Stadion eine Loge für uns, da haben wir mit Freunden und Familie bis zum Sonnenaufgang gefeiert. In den Wochen danach bin ich allerdings in ein kleines Loch gefallen. Da habe ich an manchen Tagen gedacht: „Was soll denn jetzt noch kommen?" Ich habe das eine Zeit lang auch so laufen lassen, das musste vielleicht auch mal sein. Zum Glück kam das Feuer wieder. Und mit dem neuen Feuer auch viele neue Ideen.

Gibt es die Idee, noch mal ins Stadion zu gehen?
(lacht) Zum 20-Jährigen vielleicht ...

Ihr habt vor dem Konzert über Wochen intensiv geprobt. Wenn fünf Jungs über einen so langen Zeitraum auf so engem Raum miteinander arbeiten – entstehen da auch Spannungen?
„Et hätt noch immer jot jejange." *(lacht)* Wir sind es gewohnt, auf engem Raum zusammenzusein. Im Karneval sind wir zwölf Stunden am Tag gemeinsam unterwegs, sitzen oft zusammen im VW-Bus. Natürlich knallt das da auch mal. Völlig normal. Wir haben jetzt schon eine längere Zeit eine Mediatorin. Mit ihr setzen wir uns in Abständen zusammen. Dabei kommt dann alles auf den Tisch. Auch, um mögliche Probleme früh zu bearbeiten und daraus zu lernen. Wir wollen ja noch ein paar Jährchen gemeinsam Musik machen.

Wer hatte die Idee mit der Mediation?
Das ging initial von unserer Managerin aus. Und das war eine klasse Idee, die uns sehr viel gibt. Als Band muss man emotional zusammen funktionieren, sonst blockiert das den kreativen Prozess. Ich merke auf der Bühne schnell, wenn die Band-Chemie nicht stimmt.

Mit „Pirate" hattet Ihr 2011, wie Du schon sagtest, gleich einen Hit. Es ist quasi vom Start weg „jot jejange".
Flo und ich haben damals mit einem Songwriter-Kollegen im Studio gesessen und Ideen gesammelt. „Pirate" war tatsächlich die erste, die aufs Papier floss. Wir haben uns gesagt: „Den Song lassen wir mal stehen, die richtige Nummer schreiben wir später." Aber „Pirate" war dann schon diese Nummer. Es geht darin ja um Piraten, die in der Stadt zum Feiern „anlegen". Das war zugleich ein Band-Motto: Kasalla, Piraten, wilde Jungs – das passte einfach.

In der Session 2011/12 habtIhr mit dem Song dann auch bei „Loss mer singe" gewonnen.
Das war der richtige Startschuss, ja. „Loss mer singe", wer es noch nicht kennt, ist ein Verein, der sich sehr stark in der Förderung der kölschen Mundartmusik engagiert. Das Team organisiert unter anderem eine große und gut besuchte Kneipentour, bei der sich Sangesfreudige in toller Atmosphäre treffen, singen und zusammen feiern. Aus allen dort vorgestellten Songs wird schließlich der „Kneipenhit der Session" gewählt. „Loss mer singe" ist weit mehr als ein Stimmungstest. Aber ganz sicher weiß man im Anschluss, welche neuen Lieder – nicht nur im Karneval – funktionieren und welche eher nicht. Wir sind immer super gerne da, die Stimmung ist außergewöhnlich. Wir haben insgesamt auch schon fünfmal gewonnen. Manchmal waren wir selbst überrascht. Wie 2019, als wir mit „Der Ress von dingem Levve" ganz vorne landeten – einer Liebesballade. Das hatten wir so absolut nicht auf dem Schirm.

Einer Eurer größten Hits ist zweifellos „Alle Jläser Huh". Vor jedem Auftritt, so hört man, gibt's auch bei Euch ein grünes Likörchen namens „Flimm". Hät denn auch dat immer jot jejgange?
(lacht) Der„Flimm" hat ja nicht ganz so viele Prozente ... Aber ja, das stimmt: Das ist eine kleine Tradition, die die anschließende Performance aber nicht beeinträchtigt. Aber ein festes Ritual, und zwar ein wirklich schönes. Wir rufen vor jedem Gig auch: „Jetz jitt et Kasalla!" – was ja eigentlich übersetzt heißt: „Jetzt gibt es Ärger, Krawall." Aber bei uns ist das natürlich positiv und auf das Verbreiten guter Laune gemünzt. Dazu ein Schnapsgläschen „Flimm" – und ab auf die Bühne. Rückblickend auf über zehn Jahre Bandgeschichte kann ich sagen: „Et hätt wirklich immer jot jejange ..."

Ihr habt zuletzt ein Video gedreht, in dem auch der wunderbare Ludwig Sebus – der auch in diesem Magazin zum „Kölschen Grundgesetz" mit dabei ist – zu sehen und zu hören ist. „Wenn ich ne Engel bin" heißt das Lied. Wie war denn die gemeinsame Arbeit mit dieser Legende des Kölner Karnevals?
Ludwig war mit Flo und mir im Studio. Er hat auch bei den Dreharbeiten zum Video vorbeigeschaut, doch am Set ging es ja sehr wild zu, mit viel Tohuwabohu. Wir haben Ludwig daher später in das Video reingeschnitten.

Es war sehr erleuchtend, mit diesem tollen Menschen zusammenzuarbeiten.

Der übrigens trotz seines hohen Alters völlig fit war. Er hat so viel erlebt und wirklich sehr viel zu erzählen. Menschen wie Ludwig Sebus sollten wir allgemein viel mehr und genauer zuhören, damit wir auf den politischen und gesellschaftsrelevanten Feldern auch in der Zukunft sagen können: „Et hätt noch immer jot jejange."

Für Euch als Band ging es bis 2022 nur in eine Richtung – nach oben. Dann kam ein erster Moment des Innehaltens: Ihr musstet Eure Europa-Tournee absagen. Wie habt Ihr das verarbeitet?
Wir waren beim Aufbau der Band von Beginn an eher konservativ, geerdet. Aber diesen Rückschlag hätte ich nicht gebraucht. Es ging für uns nach der Entscheidung der Absage vor allem um die Form der Kommunikation. Uns war schnell klar, dass wir das ganz offen und ehrlich sagen: dass wir einfach zu wenige Tickets verkauft haben. Wir wollten damit deutlich machen, dass auch wir, als schon etwas bekanntere Band, von dieser echten Kultur-Krise rund um Corona betroffen sind. Für diese Offenheit haben wir viel Zuspruch erhalten.

Im Frühjahr 2024 startete dann die Tour, die Euch quer durch Deutschland, aber auch nach Venlo und Luxemburg führte. Was hat Euch diese Zeit gelehrt?
Das hat uns gezeigt, dass es nicht an uns lag, dass wir die vorherige Tour absagen mussten, sondern eben auch an den extremen Umständen rund um Corona. Damals ist viel ins Rutschen geraten. Dann wieder auf Tour zu sein, das war richtig, richtig klasse. Viele der Konzerte waren auch schnell ausverkauft.

„Et hätt noch immer jot jejange ..."
Ein großes Glück!

§4

Wat fott es, es fott.

50.000 Fans erhoben sich von ihren Plätzen, als *Lukas Podolski* unter den Klängen der „Brings“-Hymne „Kölsche Jung“ nach seinem Abschiedsspiel im Rhein-Energie-Stadion auf die Ehrenrunde ging. Ein letztes Mal im rot-weißen Trikot des 1. FC Köln.

Kaum einer saugt solche Momente so tief in sich ein wie Poldi. Aber schon am nächsten Tag lebt er wieder im Jetzt: als Fußballer in Polen, als innovativer Multi-Unternehmer, als Familienvater. „Wat fott es, es fott“ – im besten Sinne.

Ein Gespräch über privates Glück, das ansteckende Lächeln der Kölschen, Werte, für die es sich zu kämpfen lohnt – und einen zusätzlichen 12. Artikel, den die Fans seines Herzensvereins sofort unterschreiben würden …

Interview: Christian Falk

Lukas, was macht die Kölnerinnen und Kölner so anders im Vergleich zu allen anderen Deutschen, dass sie sogar ihr eigenes Grundgesetz haben?

Lukas Podolski (39): Allein die Tatsache, dass sich aus diesen lockeren Sprüchen und Leitsätzen über Jahrzehnte hinweg so eine Art Motto der Stadt entwickelt hat, sagt ja schon sehr viel über unsere Mentalität aus. Ob die ersten das vor Urzeiten mal in irgendeiner Kneipe gesagt haben, oder ob das jemand fein säuberlich am Schreibtisch zusammen gestellt hat, ist dabei auch völlig egal. Entscheidend ist, dass das, was am Ende dabei herausgekommen ist, total das kölsche Lebensgefühl trifft. Diese elf Artikel sind Köln pur. Der Kölner nimmt die Dinge nicht ganz so ernst, und noch viel entscheidender: sich selbst nicht zu wichtig. Was die elf Artikel zudem zeigen: Die Kölner haben ein großes Vertrauen in die Zukunft. Und viel Sinn für Humor!

Was ist denn typisch kölsch?

Ein für mich ganz typisches Beispiel: Wenn ich irgendwo in der Welt Leuten begegne, die gerade aus meiner Heimatstadt kommen, erzählen sie mir als ihren häufigsten Eindruck, dass dir die Menschen in Köln stets mit einem Lächeln begegnen. Besser kann ich es nicht beschreiben: In der Stadt herrscht einfach eine besondere Stimmung. Und da sind wir auch schon bei den „Kölschen Grundgesetzen“. Die passen einfach gut zu uns. Leute aus München, Berlin oder Hamburg können damit vielleicht weniger anfangen. Wir Kölner dagegen wissen instinktiv, worum es geht.

Wie schafft es Köln, den Menschen ein Lächeln ins Gesicht zu zaubern?

Es ist dieses Lebensgefühl, offen für alles und jeden zu sein. Menschen aufzunehmen – und vielleicht auch einfach mal in den Arm. Wir sind allen Menschen gegenüber offen und feiern uns dafür!

Wann ist Dir das „Kölsche Grundgesetz“ erstmals begegnet?

Na ja, da kommst du ja gar nicht dran vorbei. Die Artikel hängen ja wirklich in jeder Kneipe – zumindest in den echt kölschen. In der Jugend konnte ich mit den Artikeln noch nicht so viel anfangen. Aber als ich zum FC kam, hing das „Kölsche Grundgesetz“ auch bei uns im Vereinsheim. Und je mehr und je länger man sich damit beschäftigt, desto stärker fließt es auch in den eigenen Sprachgebrauch mit ein. Ich weiß nicht, wie oft ich mit „Et kütt, wie et kütt“ geantwortet habe. Das passt eben auch gut zum Fußball. Nicht so viel nachdenken. Einfach machen! Was bringt es denn, sich jeden Tag den Kopf über Dinge zu zerbrechen, die man doch eh nicht ändern kann.

Du lebst die Philosophie ja nicht nur auf dem Rasen: Es scheint, dass Du grundsätzlich im Leben alles mit totaler Power und Energie angehst. Aber wenn eine Sache vorbei ist, weinst Du der keine Träne mehr nach. Ebenso wenig schwelgst Du übertrieben in den erfolgreichen, aber vergangenen Zeiten. Eben so, wie es in Artikel 4 steht: „Watt fott es, es fott .“

Im Grunde haben viele Artikel ja die gleiche Botschaft. „Et kütt, wie et kütt“ oder „Watt fott es, es fott“ – wenn Leute mir negative Fragen stellen oder sich zu sehr mit Dingen aus der Vergangenheit beschäftigen, ist das eine wie das andere oftmals meine Antwort. Was willst du denn auch schon groß dagegen machen, wenn mal etwas im Leben schiefgeht? Dann ist es eben so. Ich sage dann: „Akzeptiere das jetzt, und weiter geht's!“

Nicht so viel nach hinten schauen. Was passiert ist, ist passiert.

Das Leben geht ja immer weiter. Also sollte man auch nach vorne gucken und nach vorne leben. Außenstehende mögen denken, beim „Kölschen Grundgesetz“ sei alles nur Spaß, das sei sicher nur als Gag zu verstehen. Das ist nicht so! Ganz im Gegenteil.

Wenn man sich die Artikel zu Herzen nimmt, merkt man schnell, dass da sehr viel Lebenserfahrung und eine große Lebensweisheit drinsteckt. Das muss man am Ende dann nicht nur durchlesen, sondern das ein oder andere Mal auch befolgen.

„Mach et jot, ävver nit ze off.“
Genau! Mach es gut, aber nicht zu oft – das ist wie beim Sex! *(lacht)* Mach es gut zu Hause mit Deiner Frau, aber besser nicht zu oft irgendwo da draußen. Wer so lange verheiratet ist wie ich, der weiß, dass man sein privates Glück nicht woanders suchen muss. Oft hat man es schon längst gefunden, muss sich das aber auch selbst bewusst machen. Wer meint, das sei noch nicht genug, der kann sich dieses Glück auch schnell kaputt machen.

Könnte man dem aber nicht Artikel 5 entgegenhalten? „Nix bliev, wie es wor.“
Das ist in sich auch richtig, der Mensch ist ja auch immer etwas kompliziert. Aber darum ist es wichtig, die Dinge richtig zu schätzen und wirklich nichts als selbstverständlich zu nehmen. Wir Kölner lieben unsere Stadt, so wie sie ist, aber wir müssen auch auf unsere Werte – wie zum Beispiel unsere Offenheit – aufpassen. Ich hatte zuletzt ein wenig das Gefühl, dass diese Werte immer weniger gelebt werden und am Ende vielleicht ganz verschwinden könnten aus der Stadt. Trotz vieler Probleme, die wir sicherlich in Deutschland gerade haben, dürfen wir nicht aufhören, auf alle Menschen zuzugehen. Das ist ganz wichtig!

Wo spürst Du dieses spezielle Kölner Lebensgefühl am intensivsten?
Das ist es ja: Man spürt das überall. Im Karneval, in den Parks, beim Fußball ... Mag sein, dass ich beim Anblick des Kölner Doms nicht mehr ganz so aufgeregt bin wie ein Japaner, der davon 200 Fotos knipst ... Aber auch für mich ist es immer wieder etwas Besonderes, wenn ich die Spitzen des Doms sehe – und sei es nur aus der Ferne. Er gehört zu Köln so wie ich auch. Egal, ob ich am Flughafen oder am Kölner Hauptbahnhof ankomme: Du steigst aus und fühlst dich, als wärst du schon in deinen eigenen vier Wänden. Zumindest mir geht das so. In meinem Fall ist das, zugegeben, auch noch mal ein bisschen anders, weil mich die Leute hier in der Stadt erkennen. Da heißt es dann: „Da kommt der Poldi.“ Oder: „Der Prinz kütt!“ Nicht falsch verstehen: Dabei geht es mir gar nicht um irgendeinen Promi-Status, sondern vielmehr um das Gefühl: Das ist einer von uns! Er liebt die Stadt, →

so wie wir! Die Leute freuen sich, dass ich auf unser Köln ebenso stolz bin wie sie. Und dass ich die Stadt außerhalb, auf meinen Stationen, immer so präsentiere, wie wir sie hier vor Ort auch erleben.

Kannst Du Dich trotz Deiner Popularität gerade wegen der Mentalität der Kölnerinnen und Kölner in der Stadt am Ende sogar freier bewegen als anderswo?
Auf jeden Fall, zumindest ist es ungezwungener. Und das gebe ich dann gerne auch so zurück. Auch ich möchte den Menschen das Gefühl vermitteln:

Wir sind alle gleich, wir alle müssen am Morgen erstmal auf die Toilette.

Das macht Begegnungen einfach lockerer. Wir sprechen dann über die Stadt, den FC – und sofort spüren wir, was uns hier alles miteinander verbindet.

Du bist auch längst erfolgreicher Kölner Geschäftsmann, von „Mangal Döner LP10" über „Ice Cream United" bis zur Soccerhalle in Köln-Mülheim. Hältst Du es im Business mit Artikel: „Et hätt noch immer jot jejange"?
Ich probiere neue Ideen immer erst einmal an einem Standort in Köln aus – und wenn es da funktioniert, eröffne ich die nächste Filiale. Immer Schritt für Schritt und immer auch mit Vertrauten, die ich ja teilweise schon aus meiner Jugend kenne. Das ist alles solide geplant. Den dritten Artikel fühle ich eher, wenn ich an den FC denke. Gerade beim Abstieg hilft der Gedanke, dass es in der Vergangenheit auch immer wieder gut ging. Und im nächsten Moment denkst du als FC-Fan eh: Wir steigen wieder auf!

„Et hätt noch immer jot jejange" – gilt das auch für das Länderspiel in der WM-Qualifikation 2009 gegen Wales? Damals hast Du als gerade mal 23-Jähriger dem Kapitän Michael Ballack eine Ohrfeige verpasst. Auf dem Platz! Das hätte auch Böse für Deine Karriere in der Nationalmannschaft enden können …
(*lacht*) Ja, da passt der Satz auch! Die Ohrfeige war damals eine Reaktion. Ich fühlte mich in dem Moment davor ungerecht behandelt. Am Ende hat man darüber gesprochen und es ging weiter. Würde sich der ein oder andere ein wenig mehr mit dem „Kölschen Grundgesetz" beschäftigen, hätte er vielleicht auch in manchen Situationen weniger Angst, das Falsche zu tun. Eine Botschaft der ganzen elf Artikel ist für mich: Steh ein für das, woran du glaubst. Und sieh die Dinge locker. Dann wird es schon gutgehen.

Artikel 10 dürfte Dir im Alltag, gerade im Karneval, Probleme bereiten: „Drinkste ene met?" – Du trinkst keinen Alkohol.
Ich trinke immer gerne einen mit, aber eben ohne Alkohol. Wenn du mit den Kumpels ins Brauhaus gehst, gehört das Kölsch für die meisten einfach dazu. Ich habe bis heute aber keins getrunken, nicht mal einen Schluck probiert. Bisher war mir deshalb niemand böse. Dass ich keinen Alkohol trinke, hat auch nicht allein damit zu tun, dass ich Profisportler bin und immer werden wollte. Mich zieht es einfach nicht zum Alkohol, ich brauche das nicht. Ich sage hier aber jetzt nicht: „Bis ich unter der Erde liege, habe ich keinen Tropfen Alkohol getrunken." Es gibt ja auch den Artikel „Nix bliev ‚wie et wor". (*lacht*) Beim „Kölschen Grundgesetz" ist eben für jeden was dabei.

Artikel 11, „Do laachste dech kapott", könnte allerdings speziell für Dich geschrieben worden sein. Ohne ein Lachen im Gesicht kennt man Dich nicht. Gab es dennoch Momente, in denen es schwerfiel, die kölsche Frohnatur zu sein?
Natürlich gibt es im Leben eines Sportlers, in dem Niederlagen zum Geschäft gehören, bittere Momente. Da ist einem dann so gar nicht zum Lachen zumute. Natürlich war es auch nicht schön, als wir 2004 mit dem FC als Tabellenletzter abgestiegen sind. Der Blick ging aber auch damals sofort wieder nach vorn. Im Jahr darauf sind wir ja auch wieder aufgestiegen, ich wurde Torschützenkönig der 2. Bundesliga. Tatsächlich versuche ich, so oft wie möglich positiv zu sein. Das Leben ist zu schön, um sich ewig mit den negativen Dingen aufzuhalten.

Gibt es für Dich die eine Kölnerin oder den einen Kölner, die/der das „Kölsche Grundgesetzes" am besten verkörpert?
Das ist ja das Besondere an Köln, dass diese Person kein Promi sein muss, den jeder kennt. Für mich ist das ganz oft auch die Büdchen-Verkäuferin um die Ecke oder der Busfahrer, der mich am Morgen begrüßt und mir einen schönen Tag wünscht! Es sind diese Menschen, die dir die positive Energie mitgeben und dich mit ihrem Lächeln anstecken. Und so wie in Köln erlebe ich das eben in keiner anderen Stadt.

Das „Kölsche Grundgesetz" umfasst elf Artikel, ebenso viele, wie eine Fußball-Mannschaft Spieler hat. Kann das denn wirklich Zufall sein?

(lacht) **Sagen wir so: Wenn sich jeder unserer Nationalspieler einen der Artikel zu Herzen nimmt, werden wir schon sehr bald wieder einen großen Titel holen!**

So war das ja auch zu meiner Zeit bei der Nationalmannschaft. Wir hatten jetzt natürlich keine Artikel oder ein richtiges Grundgesetz, aber auch wir haben uns Regeln in Listen aufgeschrieben wie beispielsweise „Jeder für jeden!" oder „Kämpfen bis zum Schluss!". Am Ende wurden wir damit in Brasilien als verschworene Einheit Weltmeister. So etwas hilft, wenn man als Team erfolgreich sein will. Auch in meinen Firmen gebe ich deshalb gerne solche Schlagworte und Slogans vor, damit wir als Gruppe gemeinsam an unseren Zielen arbeiten. Ob die Nationalmannschaft, ein Fußball-Verein oder ein Unternehmen – von unserem „Kölschen Grundgesetz" können sich alle den einen oder anderen Satz abschreiben. Und dann aber auch umsetzen! Ich mache das auch. Du siehst das Leben dann einfach positiver.

Wenn Du einen 12. Artikel für das „Kölsche Grundgesetz" ergänzen dürftest – wie würde der lauten?
„Deutscher Meister wird nur der FC!"

§5

Nix bliev,
wie
et wor.

Er habe das Bild, das sich von seiner Zukunft im Fernsehen abgezeichnet hat, zerrissen und komplett auf Neuanfang gesetzt, sagt *Tobias Schlegl*. Er moderierte beim Musiksender „VIVA“, die Satiresendung „extra 3“ beim NDR und das ZDF-Kulturmagazin „aspekte“. Den Großteil seiner Fernsehjobs gab der Wahl-Hamburger 2016 auf und begann eine Ausbildung zum Notfallsanitäter. Er war als Seenotretter im Mittelmeer unterwegs, ist als ehrenamtliche Einsatzkraft im Kriseninterventionsteam aktiv und Bestseller-Autor.

Ein Gespräch über seine Wurzeln in Köln, den Mut, Veränderung ins Leben zu lassen, den Umgang mit Ängsten und über das Glück, selbst zu gestalten.

Interview: Katharina Pütter

Tobias, auf Deinem beruflichen Lebensweg hast Du Dein vertrautes Umfeld immer wieder verlassen – vom Moderator zum Notfallsanitäter und zum Bestseller-Autor. Wie erklärst Du Dir Deinen ausgeprägten Veränderungswillen?
Tobias Schlegl (47): Ich glaube, das menschliche Wesen findet nur Glück, wenn es neugierig bleibt und etwas dazulernen kann. Ich habe in meinem Leben immer eine Weiterentwicklung gesucht. Meine Arbeit beim Fernsehen wurde immer journalistischer und anspruchsvoller. Nach über zwanzig Jahren als Moderator brauchte ich dann dringend einen neuen Impuls in meinem Leben, etwas mit noch mehr Sinn. Ich habe die radikale Relevanz gesucht – zwischen Leben und Tod.

Was ist relevanter, als Leben zu retten? Ich wollte nicht stehenbleiben, und mein Herz musste neu gefüllt werden.

War die Sinnfrage der entscheidende Impuls, die Weichen neu zu stellen?
Es war eine Stimme im Kopf, die ziemlich laut war. Zuerst habe ich sie ignoriert und verdrängt, aber sie ließ sich nicht abstellen. Irgendwann habe ich die Fragen maximal zugelassen, und das hat mich maximal bewegt. Die Sinnfrage stellt sich, glaube ich, irgendwann jeder mal. Was mache ich da eigentlich? Ich sitze im Büro, hat das einen Sinn? Mache ich das jetzt noch zwanzig, dreißig Jahre so weiter? Spätestens in der Mitte des Lebens rollen diese Fragen auf einen zu.

Im Alter von Anfang vierzig bist Du vom Scheinwerferlicht in den Blaulichtbereich gegangen, das klingt nach Kontrastprogramm und „Nix bliev, wie et wor."
Ja. Es gibt bei mir – und vielleicht ist das ein Unterschied zu anderen, die neue Impulse in ihr Leben lassen – eine Radikalität. Ich habe das Bild, das sich von meiner Zukunft im Fernsehen abgezeichnet hat, zerrissen und komplett auf Neuanfang gesetzt. Viele Menschen schwärmen davon, nochmal neu zu beginnen, ein ganz anderes Leben zu leben, schrecken aber davor zurück oder kommen aus ihrer Struktur nicht heraus. Die Miete muss bezahlt werden, es gibt vielleicht Menschen, für die du verantwortlich bist ... Für mich war es ein großer Luxus, mithilfe meines Ersparten, im Rettungsdienst nochmal ganz klein anfangen zu können – drei Jahre Lehrling zu sein mit kleinem Gehalt. Ich bin Überzeugungstäter. Es ist toll, dass mein Leben eben nicht geblieben ist, wie es war.

Es blieb dann nicht bei der einen Veränderung. Neben dem Staatsexamen als Notfallsanitäter hast Du mittlerweile auch den orangen Aufkleber „Bestseller-Autor". Wie kam es dazu?
Das Schreiben habe ich durch den Berufswechsel entdeckt. Erst habe ich nur für mich geschrieben, auch therapeutisch, um zu verarbeiten, was ich im Blaulichtbereich erlebt habe. Dann habe ich gemerkt, was für eine große Lust ich daran habe. Neben meiner Arbeit im Rettungsdienst, die sehr hart ist, wirkt das Schreiben heilsam, und beides ergänzt sich ganz wunderbar und erfüllt mich. Im Moment schreibe ich wieder an etwas Neuem – ich wage den Schritt, mich thematisch weiter zu öffnen und schreibe außerhalb der Medizinwelt. Ich verlasse mal wieder mein vertrautes Umfeld ...

„Nix bliev, wie et wor." Du bist in Köln geboren und aufgewachsen – inwiefern hat das „Kölsche Grundgesetz" Dich geprägt?
Diese Sätze sind in meiner Kindheit immer wieder aufgetaucht, vor allem zur Beruhigung des kleinen Tobias, der nicht einfach zu händeln war. Ich war ein munteres Kerlchen, das den Drang hatte, sich einzubringen und etwas zu verändern. „Nix bliev, wie et wor." Diesen und die anderen Sprüche habe ich immer wieder gehört. Heute denke ich: Du brauchst keinen Achtsamkeitstrainer, wenn du dir nur immer wieder das „Kölsche Grundgesetz" vorliest. Darin sind die Kernbotschaften enthalten, vor allem die, gelassen zu bleiben, auch wenn alles um dich herum zerfällt. Ich finde das etwas sehr Tröstliches, fast Kirchliches – der leeve Jott, der nimmt dich in den Arm, ejal wat kommt. Oder die Mutter ... Es bietet Halt. Man muss nur aufpassen, dass man die Haltung nicht verliert. „Et hätt noch immer jot jejange" heißt nicht, dass du dich nicht engagieren musst in deinem Leben – und auch für unsere Demokratie müssen wir uns aktiv einsetzen.

„Et kütt, wie et kütt." – Denkst Du, einige der Artikel verführen geradewegs zu Passivität?
Ja, das ist eine große Gefahr. Du liest diese Zeilen und denkst vielleicht: Ich kann ja eh nichts machen, ich bin im Strudel, also gebe ich mich dem Ganzen hin. Aber im Kleinen betrachtet: Bei allem, was einem so passiert im Leben, strahlen die Sätze erstmal eine angenehme Ruhe aus und versuchen, Ängste zu vertreiben, die Menschen haben – auch bevor sie eine Entscheidung treffen. Diese tausend Gedanken, was alles schieflaufen kann. Deshalb finde ich die Sätze so gut, sie haben etwas Universelles.

„Alles fließt", wusste schon der griechische Philosoph Heraklit. Was braucht es, dem Wandel nicht schicksalsergeben entgegenzublicken, sondern, wie Du, der Strippenzieher im eigenen Leben zu sein?
Manchmal entscheidet das Schicksal für einen, aber man kann es ja auch selber in die Hand nehmen und sagen: Nein, jetzt soll es nicht mehr so bleiben, jetzt geht es anders weiter.

Lange blieb es bei mir beruflich, wie es war, alles lief munter weiter. Diese Maschine habe ich dann selber angehalten.

Ich plädiere sehr dafür, wachsam und aktiv zu sein. Wenn man einen Veränderungswunsch spürt, diesen auch zuzulassen und nicht jahrelang alles weiter laufenzulassen, weil man denkt, die Veränderung muss von außen kommen. Wichtig ist, auf die inneren Stimmen zu hören, und die Angstfreiheit, die Gelassenheit für sich zu nutzen, die die Sätze vom „Kölschen Grundgesetz" verströmen. Et bliev sowieso nix, wie et wor – das Leben wird sich ändern – dann kann ich auch selber entscheiden und versuchen, wenn es möglich ist, selber zu lenken.

Für viele Menschen ist der Gedanke an Veränderung mit Angst verbunden.
Ich kann verstehen, dass Veränderung Angst macht, aber sie wird stattfinden. Sie findet bei einem persönlich statt, und sie findet politisch, wirtschaftlich, gesellschaftlich statt, das lässt sich nicht verhindern. Ich glaube aber, wenn man die →

Positivität aus den elf Artikeln zieht, dann helfen sie auch hier ein bisschen, Angst abzubauen. Das Leben ist Veränderung. Und ich glaube, der erste Schritt ist, das zu akzeptieren und offen zu sein für Neues. Lasst Veränderung rein ins Leben! Sie ist unvermeidbar und es macht glücklicher zu gestalten, als sich treiben zu lassen wie ein Fisch, der nur in eine Richtung schwimmt. Es ist okay, ängstlich zu sein, aber sich davon dominieren oder lähmen zu lassen, kann gefährlich sein. Im Rettungsdienst haben wir gelernt, über die Ängste zu reden. Es hilft, sie auszusprechen, jemanden zum Reden zu haben und zu merken: Es ist gut, die Angst erkannt zu haben, aber ich lasse mich von ihr nicht so sehr beeinflussen, dass sie mein Leben bestimmt.

Das Benennen durchbricht die Lähmung?
Ja, wenn man Ängste hat, immer aussprechen, damit sie einen nicht starr werden lassen. Wenn man sich mit der Angst konfrontiert, sie erkennt und ausspricht, dann wird sie kleiner. Das kenne ich aus meiner Arbeit beim Kriseninterventionsteam, da bekomme ich Supervision – wir sprechen mit einem Psychotherapeuten alle sechs Wochen darüber, was uns bewegt hat, und ob es Einsätze gab, die uns längerfristig mitgenommen haben. Und natürlich gibt es die. Das Schöne ist, sobald man diese Situationen ausgesprochen hat, ist das „Monster" nicht mehr so groß ... und häufig verschwindet es vollständig.

In „Nix bliev, wie et wor" steckt ja neben der unausweichlichen Veränderung auch die Vergänglichkeit, die Endlichkeit des Lebens. Wie denkst Du darüber?
Der Tod ist ja die letzte große Veränderung im Leben, Menschen verschwinden, oder man selbst ist nicht mehr da. Je älter man wird, desto mehr muss man mit dieser Veränderung klarkommen. Das ist definitiv das Schmerzhafteste, aber auch da gilt – und das habe ich gemerkt, da ich ja so oft mit dem Tod konfrontiert werde und auch öfter Sterbebegleitung gemacht habe –, dass es auch in diesen unfassbar schmerzhaften Momenten hilft, darüber zu reden und zu merken, dass man mit der Trauer nicht allein ist. Es ist wichtig zu wissen, dass wir alle diese Veränderung durchmachen, und es kann ein kleiner Trost sein, andere Geschichten zu hören und zu merken, dass es andere auch betrifft, nicht nur einen selbst. Das kann dabei helfen, Halt zu finden und wieder ins Handeln zu kommen. Es gibt, je nachdem was passiert ist, sehr viele Gruppen, Beratungsstellen, Möglichkeiten, mit Menschen zu reden, die sich mit dem Thema auskennen und gut zuhören können. Auch Trauer und Schmerz verändern sich ...

Hat die berufliche Konfrontation mit dem Tod Dein Lebensgefühl verändert?

Ja, insofern, als dass ich umso intensiver leben will. Ich weiß, wie kostbar die Zeit ist.

Und durch die Arbeit merke ich das nicht erst im Alter von 60 oder 70 Jahren, sondern schon viel früher. Ich verschiebe Dinge nicht mehr, sondern mache sie jetzt. Weil ich durch viele Beispiele weiß, dass nichts sicher ist, und das alles sich immer ganz schnell verändern kann. Das heißt aber nicht, dass ich Angst davor habe – die lässt sich auch hier umwandeln in: Es ist doch toll, dass du diese Erkenntnis jetzt hast, dass du weißt, dass sich alles verändert, denn umso intensiver lebst du in diesem Moment.

Was hat diese Erkenntnis bei Dir konkret bewirkt?
Dass ich mir Sachen gönne, mich mit besonderen Menschen treffe, meine Eltern öfter sehe und mit denen etwas unternehme ... wie schön ist es, diese Erkenntnis zu haben und dann auch entsprechend zu handeln, ein riesiger Gewinn. Und der kommt nur, wenn man weiß, dass die Dinge sich verändern werden. Deshalb muss man die Zeit, die man hat, definitiv nutzen. Es ist eine Typfrage: Stehst du dem Ganzen ängstlich gegenüber, oder ist es ein Gewinn? Und für mich ist es ein mega Gewinn, diesen Gedanken zu integrieren, er macht mir keinen Druck – es ist ein Geschenk zu wissen, dass heute der letzte Tag sein könnte, also lass uns etwas unternehmen und füreinander da sein. Das ist doch schön.

Eine schöne Perspektive ...
Es ist immer entscheidend, wie man die Dinge betrachtet, der Blickwinkel ist entscheidend. Ich bin mit dem Wissen um die Vergänglichkeit viel glücklicher als vorher, zu Zeiten, als ich das Thema Tod noch verdrängt habe und dachte, ich muss mich damit nicht beschäftigen. Die Konfrontation damit, das Bewusstsein, dass es ihn gibt, dass nix bliev, wie et wor, und zu sterben, die größte Veränderung ist, die jederzeit passieren kann, hat in mir einen Glücksstrom ausgelöst.
Dem Satz lässt sich auch dieser Schrecken nehmen, und man kann ihn umarmen und sagen: Wie gut, dass es Dich gibt, und dass es so ist. Denn genau deshalb kann das Leben sehr intensiv sein.

... und die Veränderung und Vergänglichkeit kann mehr Chance sein als Bedrohung?
Ja. Die Schönheit der Chance – geklaut von Thees Uhlmann, ein Supersong. Ich finde, in melancholischen Momenten stecken oft auch eine Schönheit und eine Chance auf Veränderung. Nutze die Kraft und probiere, etwas zu verändern! Dass alles vergänglich ist, ist auch Ansporn, Fußstapfen zu hinterlassen.

Uns steht so viel offen. Leider ist die Lebenszeit begrenzt, deshalb müssen wir umso mehr überlegen, was wir wollen, wohin wir wollen.

Man muss es ja nicht so radikal machen wie ich. Aber warum denn nicht mutig sein und einen neuen Impuls als kleines Element der Veränderung reinlassen? Beispielsweise ein Ehrenamt ... Zeit mit älteren Menschen verbringen, sich mal drei, vier Stunden im Monat engagieren. Ich war immer glücklicher, wenn ich mich einer Situation gestellt habe, wenn ich offen war. Das kann ich nur persönlich weitergeben, indem ich Leute ermuntere und sage: Ihr gewinnt so unfassbar viel, wenn Ihr Euch sozial engagiert. Ihr gewinnt vielleicht das beste Gefühl Eures Lebens, und es wird Euch zurückgegeben werden, wenn Ihr offen seid für andere, wenn Ihr die Veränderung mutig umarmt. Das, was Ihr zurückbekommt, ist unglaublich.

→

Du erwähntest den Einsatz für die Demokratie. Aktuell scheint der gesellschaftliche Wandel manche Menschen besonders zu verunsichern. Was denkst Du darüber?

Menschen haben Vorurteile, wenn sie etwas nicht kennen. Beim Thema Integration haben viele Angst vor Veränderung. Nicht jeder kann so intensiv in den direkten Austausch gehen, wie ich es bei der Seenotrettung gemacht habe. Mein Appell ist, wann immer möglich, in Kontakt zu treten, offen zu sein, immer die Menschenrechte zu verteidigen und gleichzeitig, wenn man die Zeit oder das Geld zum Reisen nicht hat, einzutauchen in die Literaturwelten, ins Theater zu gehen, sich auf Kultur und auf andere Kulturen einzulassen.

Als Notfallsanitäter warst Du an Bord der „Sea Eye 4" und hast im Mittelmeer Geflüchtete vor dem Ertrinken gerettet. War die Zeit an Bord die intensivste Deines Berufslebens?

Ja, das war schon sehr existenziell. Wir haben 409 Menschen gerettet. Es war mit das Prägendste, was ich je erlebt habe. Durch den Berufswechsel hatte ich plötzlich die Chance, da helfen zu können. Vorher hätte ich dort ja gar keine Funktion gehabt. Sollte ich da moderieren, oder was? Plötzlich hat man in einer solchen Situation eine sinnvolle Funktion, kann wirklich helfen und einen Unterschied ausmachen. Das ist toll. Allein, dass ich das machen durfte, allein dafür hat sich dieser Bruch in meinem Leben gelohnt. Ich habe erlebt, wie schön es ist, wenn Nationalität plötzlich keine Rolle mehr spielt. Da war ich mit zwölf, dreizehn anderen Kulturen konfrontiert. An Bord merkt man, dass man zusammenwächst, auf Augenhöhe ist, dass Grenzen verschwimmen, vor allem, dass wir alle Menschen sind, nur Menschen.

Menschenleben zu retten, stelle ich mir als hochemotionale Erfahrung vor …

Mit nichts vergleichbar. Der berührendste Moment in meinem Leben war, als ein Mitte vierzigjähriger Mann, den ich nach einem Unfall auf der Autobahn reanimiert habe, und der überlebt hat, mir Wochen später auf der Intensivstation die Hand gedrückt und gesagt hat: vielen Dank. Da kann aller Applaus von vorher, die großen Kulissen … Nichts kann da mithalten.

Dieser Moment, wie ein Blitz, der einmal durch den Körper gezuckt ist, der bleibt. Den kann ich mir in den dunkelsten Stunden in Erinnerung rufen, und er bringt Licht.

Das Tolle an solchen Jobs und Ehrenämtern ist, obwohl sie einen oft aussaugen, dass sie einem so viel zurückgeben. Das habe ich früher vermisst. Zuschauerreaktionen, Quote … that's it. Dass man ein „Danke" bekommt, eine Umarmung, das man merkt, da hat man jemandem wirklich helfen können, das hatte ich vorher nicht. Und dieses Gefühl ist so schön.

In Köln hat alles angefangen. Was sind die kölschen Prägungen Deiner Kindheit?

Mein Vater ist Kölner und meine Mutter Österreicherin, der kölsche Singsang war immer da. Außerhalb der Familie waren es vor allem tolle Menschen, die Impulse gesetzt haben und mich mit ihrer Offenheit und Herzlichkeit geprägt haben. Auch einige Lehrerinnen und Lehrer an der „Liebfrauenschule“, die mir viel Raum und Freiheit gegeben haben, mich auszuleben – mit einer alternativen Schülerzeitung, Musik von „Die Ärzte“, die ich in der Pause über die Schullautsprecher durchs Gebäude scheppern lassen durfte, bis hin zur Organisation eines Musikfestivals gegen Rechts. Es war einfach eine gute Zeit für mich in Köln, und menschlich gesehen, habe ich da nichts vermisst. Ich war immer in vielen Gruppen, Messdiener, Pfadfinder, darin bin ich aufgegangen. Und ich war karnevalsverrückt als Junge, hatte alle Kostüme von Zorro, Musketier über Pumuckl bis zum kleinen Vampir. Die Herzlichkeit und Offenheit habe ich geliebt, man wird in den Arm genommen und ist eine große Gemeinschaft. Mit dem Herzen bin ich immer noch in Köln. Dass man sich sofort in den Arm genommen fühlt und auch in den Arm genommen wird, das habe ich in keiner anderen Stadt erlebt.

Du hast in Berlin gelebt, bist jetzt schon viele Jahre in Hamburg – was verbindet Dich heute mit Deiner Heimatstadt?
Das Grundgefühl ist ein inneres Nachhausekommen, die Stadt umsorgt einen, als würde man in das weichste Bett aller Zeiten reinspringen. Ich habe auch immer noch – und vermisse – meine Schulkumpels in Köln und bin regelmäßig dort. Meistens grinse ich dann und freue mich über den Schlangenlinienweg, den ich gegangen bin. Und habe ein Gefühl der Dankbarkeit. Danke, Köln, dass Du mir die Wurzeln gegeben hast. Es macht mich sehr glücklich, wie dann alles gewachsen und aufgegangen ist. Köln ist für mich wie ein Schulkumpel, den man immer wieder trifft, der weiß, wie man früher war und die Veränderung auch mitbekommen hat. Der einen immer so nimmt, wie man ist. Das ist total schön. Eine Stadt wird so plötzlich lebendig und kann zuhören, und es ist dann auch okay, nach zwei Tagen weiterzuziehen, weil man sich ja wiedersehen wird. Deshalb bleibt meine Beziehung zu Köln etwas ganz Besonderes. Auch, wenn ein Wunsch noch unerfüllt ist …

Welcher?

Auf dem Karnevalswagen mitzufahren. Kamelle schmeißen und Strüßjer. Ich habe noch nicht geschafft, dass das passiert. Es fehlt. Ich würde unermüdlich Kamelle werfen. Das wäre der perfekte Abschluss meiner Kindheit.

„Et hätt noch immer jot jejange“ – Welche Wünsche hast Du darüber hinaus für Deine Zukunft?
Ich hoffe, et bliev noch en bisschen so, wie et is …

§6

Kenne
mer nit,
bruche
mer nit,
fott
domet.

„Diejenigen, die heute rechtsextrem wählen, riskieren, dass der Mensch nicht mehr frei ist“, sagt Ludwig Sebus. Es fällt schwer, in diesem Vorspann einzelne Sätze oder Botschaften des 99-Jährigen hervorzuheben. Zu gerne würde man alle seine Aussagen an Kölns Häuserwände plakatieren.

Sebus ist ein exponierter Vertreter der kölschen Liedkultur, der Grandseigneur des rheinischen Entertainments – aber vielmehr noch ist der 1925 Geborene Zeitzeuge eines ganzen Jahrhunderts.

Ein Gespräch über Brauchtum und Jenöchlichkeit, Nazis und Demokratie-Feinde, den Herrgott und belebende Gespräche mit jungen Menschen.

Interview: Helmut Frangenberg

„Kenne mer nit, bruche mer nit, fott domet." – Ludwig, kannst Du denn etwas mit dem 6. Artikel des „Kölschen Grundgesetzes" anfangen?

Ludwig Sebus (99): Ich stelle mir da ein paar Kölsche im Brauhaus vor. Und für die gilt dann: Dat, wat mer kenne, esse mer. Dat, war mer kenne, bejröße mer och. Un an däm, wat mer kenne, halde mer uns fass. Und all das, was wir nicht kennen, soll uns bloß nicht stören. Der Kölsche an sich ist gerne jenöchlich.

„Jenöchlich" ist ein wunderbares Wort aus dem kölschen Wortschatz, das man eigentlich nicht eins zu eins übersetzen kann – eine Mischung aus „gemütlich" und „genügsam", so etwas wie ein behagliches Vergnügen, bei dem man sich nicht zu viel bewegen muss. Widerspricht das nicht völlig dem Appell, dass man doch immer auch offen für Neues sein muss?

Manchmal ist es zu viel mit den Neuerungen. Natürlich gibt es immer Sachen, die das Leben bereichern. Dann nimmt der Kölsche das auch auf. Das ist Jahrhunderte immer so gewesen – ob das im Brauchtum war, in der Sprache oder im Verhalten zueinander.

Dat, wat se bruche kunnte, han die Kölsche opjenomme. Aber die Erfahrung zeigt auch: Manches ist einfach überflüssig.

Wat mer nit bruche, es och nit nüdig. Das muss man dann auch nicht im Kopf behalten. Also: fott domet! Dann ist man wieder unbelastet. Und fühlt sich am Anfang seiner Seligkeit, um festzustellen, wie jenöchlich et en Kölle es.

Es kann also nicht schaden, sich alles, was uns als neu und wichtig verkauft wird, sehr kritisch zu prüfen. Im Moment hat man den Eindruck, dass sich die Welt rasend schnell verändert und man kaum noch hinterherkommt ...

Die Welt verändert sich viel zu schnell. Früher hat man in größeren Zeiträumen gedacht. Wenn ich allein an meine hundert Jahre zurückdenke: Was sich da alles verändert hat! Die Zivilisation, die Technik, das Gesellschaftliche und Politische – so schnelle Entwicklungen gab es in früheren Zeiten der Menschheitsgeschichte nicht. Da hat sich in 500 Jahren so viel getan wie heute in einem Jahrhundert. Da ist es ab und zu gut, mal zu sagen, dass man nicht alles, was angeblich neu ist, ausprobieren muss. Wir haben eine große Erfahrung: Da muss uns nicht alles belästigen. Wir brauchen auch niemand, der uns sagt, wie wir uns zu benehmen haben. Genauso wie wir keinen brauchen, dä uns säht, wie mer Fastelovend fiere dät. Dat bruche mer nit. Fott domet!

Das klingt trotzig und widerspenstig – und fast ein bisschen arrogant ...

Ja, das wissen wir doch: Der Kölsche ist ein bisschen über sich erhaben. Er glaubt, dass er die ewige Seligkeit schon zu Lebzeiten auf Erden gepachtet hat, und dass alles, was er so verkündet, das rechtmäßige Evangelium ist. In vielen Fällen hat er ja recht. Aber in manchen Fällen liegt er eben auch mal falsch. Er glaubt, über allem zu stehen. Wenn dann auch noch die kölsche Bequemlichkeit und der Gleichmut dazukommt, ist das nicht immer hilfreich.

Du hast mit einigen Musikern im vergangenen Jahr einen älteren Titel neu aufgenommen: „Et jilt et Brauchtum zo bewahre, dat uns jo all am Hätze litt …“
… et jilt et Brauchtum zo bewahre, weil et nor eimol Kölle jitt! Das passte zum 200-jährigen Jubiläum des Festkomitees Kölner Karneval. Das einmalige Brauchtum in Köln, sich unvermittelt an andere zu wenden, ist das, was 200 Jahre Fastelovend ausmacht.

Man könnte das als Vertonung des 6. Artikels verstehen. Wie wichtig ist bei all den Veränderungen die Bewahrung des Brauchtums und die Pflege der Tradition?
Ich glaube schon, dass die Vergangenheit eines Menschen und die Geschichte eines Landes oder einer Stadt eine wichtige und wertvolle Orientierung bieten. Man muss das, was man aktuell erlebt, immer einordnen können. Dann kannst du Schlüsse ziehen. Dann sieht man das Positive wie das Negative. Nicht jede Entwicklung der vergangenen Jahre ist gut, zum Beispiel wenn man auf das zwischenmenschliche Miteinander schaut. Das Zwischenmenschliche bleibt heute sehr oft auf der Strecke, weil etwas anderes im Beruflichen oder im Privaten angeblich ganz wichtig ist und ganz schnell erledigt werden muss. Früher war man mehr auf Nachbarschaft angewiesen, es gab einen größeren Zusammenhalt. Und man musste mehr selbst in die Hand nehmen und sich darum kümmern. Heute erwarten viele, dass sie immerzu bedient werden.

Für viele verbindet sich mit der Aufforderung, Traditionen zu bewahren, etwas Rückwärtsgewandtes, vielleicht sogar Reaktionäres …
Zum 200-jährigen Jubiläum des offiziellen Karnevals habe ich gesagt: Tradition ist nicht nur die Glut, sie ist sogar das Feuer, das man in die Zukunft tragen muss. Darauf baut man immer wieder auf. Das gibt man weiter, damit das Brauchtum weiterlebt.

Warum ist das wichtig?
Wird es sonst beliebig?
Ob es beliebig wird, weiß ich nicht. Wichtig ist, dass die Grundrichtung stimmt. Der Mensch muss im Mittelpunkt stehen. An diesem Gedanken soll man sich kompassmäßig ausrichten. Jeder ist so zu respektieren, wie Du selbst respektiert werden willst.

Ich halte mich an das christliche Grundgebot, dass es nichts Größeres und nichts Besseres gibt als die Liebe.

Und wenn die Liebe nicht spürbar ist oder wenigstens das Gefühl der gegenseitigen Anerkennung, dann geht es den Berg runter.

Es scheint bei vielen Menschen eine sehr diffuse Sehnsucht nach „früher“ zu geben. Das führt auch dazu, dass sie rechtsextreme Parteien wählen, die den Eindruck vermitteln, dass man die Uhr zurückdrehen kann. Was würdest Du diesen Menschen gerne sagen?

→

Ich habe in der Nazizeit gesehen, wie Menschen, die Sorgen und Fragen haben, mit einfachen Antworten verführt werden können. Die Nazis haben die Leute geködert – zum Beispiel mit dem Versprechen, die Arbeitslosigkeit zu beseitigen. Doch schon kurz darauf zeigte sich, um was es ihnen wirklich ging: Sie haben ein totalitäres System und eine Macht aufgebaut, die sich jeder Kontrolle entzog. Anschließend hat man die Menschen missbraucht, diskriminiert, verfolgt und voller Verachtung in den Krieg geschickt.

Diejenigen, die heute rechtsextrem wählen, riskieren, dass der Mensch nicht mehr frei ist. Den Menschen die Freiheit zu nehmen, ist ein Verbrechen. Das führt ins Verderben.

Das Grundgesetz der Bundesrepublik Deutschland ist 75 Jahre alt. Nehmen wir es als zu selbstverständlich hin? Muss man mehr für die Demokratie kämpfen?
Ja, das muss man. Die Gleichgültigkeit der Menschen ist eine ganz große Gefahr. Manchmal werden sie erst wach, wenn es zu spät ist. Deshalb bin ich der Meinung: Man muss sich Tag für Tag – egal in welchem Alter – klarmachen, wie wertvoll es ist, dass wir in einer Demokratie leben, und dass man sich frei ewegen und äußern kann, ohne Angst haben zu müssen, morgen dafür eingebuchtet zu werden. Du musst jeden Tag wachsam sein und dich fragen: Wo kann ich etwas für die Demokratie tun? Sie ist von allen schlechten Staatsformen die beste.

Mehrere Artikel des „Kölschen Grundgesetzes" lassen sich auf den gemeinsamen Nenner bringen: Bleib gelassen! Auch wenn nix bliev, wie et wor, kütt et doch, wie et kütt. Gelassenheit ist hilfreich. Aber wo ist die Grenze? Wann muss man aktiv werden?
Wenn deutlich wird, dass Veränderungen in eine schlechte Richtung laufen könnten, muss man Stellung beziehen. Das ist immer der Fall, wenn zu Hass gegen Andersdenkende oder gegen Menschen mit einer anderen Hautfarbe aufgerufen wird. In unserem Land darf sich niemand bedroht fühlen. Da muss die Gleichgültigkeit aufhören. Man muss sich fragen, wie geht es meinem Nachbarn? Und wenn der vor der Weetschaffsdür steiht und nichtrein kommt, musst du ihn reinholen.

Das ist dann der 10. Artikel: „Drinkste ene met?"
Esu es dat! Man muss aufmerksam sein, um mitzubekommen, wenn es jemand anderem schlecht geht.

Zurzeit wird heftig darüber diskutiert, wie man mit der AfD und denjenigen, die sie wählen, umgehen sollte. Mancher sagt: Man muss klare Kante zeigen. Andere fordern dazu auf, nicht den Kontakt zu verlieren. Was ist Deine Meinung?
Die AfD greift Themen auf, die die Menschen beschäftigen. Sonst hätte sie nicht diesen Zulauf. Somit ist das beste Gegenmittel, sich um die Sorgen der Menschen zu kümmern. Dann hat die AfD keine

Chance. Die AfD greift Sorgen auf, um die sich andere Parteien mehr kümmern müssten. Sie tut dann so, als wenn sie die Probleme lösen könnte, obwohl sie es nicht kann. Das muss den Leuten bewusst werden, damit sie nicht geködert werden können. Aber das bedeutet natürlich auch, dass die demokratischen Parteien die Probleme angehen und lösen müssen. Da ist die Politik gefragt. Plakativ zu sagen: Die taugen nichts! Das reicht nicht.

Sich um die Sorgen der Menschen zu kümmern, ist das eine. Das andere ist der Umgang mit denen, die eine andere Gesellschaft wollen. Da geht es ja nicht nur darum, dass da jemand auf eine geschickte Täuschung reinfallen könnte. Da geht es um eine fundamentale Ablehnung einer offenen Gesellschaft, was sich vor allem an der Frage festmacht, wie man mit Flüchtlingen umgeht …
Manchmal sollte man den Leuten in Erinnerung rufen: Die Steine zum Wiederaufbau der Stadt nach dem Zweiten Weltkrieg haben Flüchtlinge jekloppt wie mir Kölsche.

Wer fühlt, für die Stadt verantwortlich zu sein, es ene Kölsche.

Natürlich muss man in der aktuellen Debatte eine Lösung finden. Alle, die in Not sind, haben das Recht, zu bleiben. Andererseits darf diese Offenheit aber auch nicht ausgenutzt werden. Das ist eine schwierige Frage – aber das heißt ja nicht, dass man keine Antwort finden kann.

Sollte man die AfD verbieten? Nach dem Motto: „Bruche mer nit, fott domet.“?
Nein. Ich glaube, das ist der falsche Weg. Die würden im Untergrund nur stärker. Wer verboten wird, wird gefährlicher.

Du hast in Deinem Leben viel Leid erfahren – in der NS-Zeit, im Krieg und in Kriegsgefangenschaft. Du bist knapp einer Exekution entkommen, nachdem Du bereits Dein Grab schaufeln musstest. Andere würden verzweifeln, oder zumindest das Vertrauen in die Welt verlieren …
Wenn du Ohnmacht fühlst, weil du Kräften ausgeliefert bist, gegen die du dich nicht wehren kannst, kann man resignieren und glauben, dass alles keinen Sinn hat. Man muss aber wissen: Wer die Hoffnung verliert und sich zurückzieht, verwehrt auch anderen einen Zugang. Du kannst nicht immer derjenige sein, der sich um andere kümmert. Es gibt auch Situationen, wo man zulassen muss, dass sich andere einem selbst zuwenden können, wenn es einem schlecht geht. Das ist auch eine Erfahrung aus der Kriegsgefangenschaft. Man wusste nicht, ob man der nächste war, der erfriert, verdurstet oder verhungert – da kommt es auch auf dein Umfeld an. Im größten Leid kann der Zuspruch von einem zum anderen dafür stehen, dass die Welt anders sein kann. Der eine kann vielleicht mehr bewirken als ein anderer – aber jeder kann in seinem Umfeld zeigen, was Menschlichkeit bedeutet.

Welche Rolle spielt in diesem Zusammenhang der christliche Glaube, den Dir Deine Eltern mitgegeben haben?
Für mich war der christliche Glaube immer ein wichtiger Anker. Ich bin ein gläubiger Mensch, der seit der Kindheit einen offenen Zugang zum Himmel hat. Der Herrgott hat mich beschützt.

→

Und was ist mit dem Leid? Wenn es den Herrgott gibt, müsste er ja auch dafür verantwortlich sein?
Natürlich habe ich mich das auch immer wieder mal gefragt, wie er das Leid, was ich erlebt und gesehen habe, zulassen konnte. Aber manches kann man nicht erklären. Es gibt keine Antwort. Gott ist allmächtig. Das kann man sich nicht richtig vorstellen. Es sind Dinge möglich, die du mit dem Verstand nicht erklären kannst. Zweifel kommen einem immer. Aber im Grunde muss ich sagen, dass die sich immer positiv aufgelöst haben. In Situationen, in denen ich meinem Schicksal gegenüberstand, war mein christlicher Glaube unersetzbar. Das Christentum gibt Antworten. So singen wir das ja auch in unzähligen Karnevalsliedern:

Em Himmel jeiht et wigger!

... un do es d'r Düvel loss, wie es eines Deiner Vorbilder Karl Berbuer in „Un et Arnöldche fleut" getextet hat. Ein großes Fest mit Petrus im Elferrat beim lieben Gott! Stellst Du Dir das so vor?
Ich glaube nicht an den lieben Gott. Von dem wird Kindern erzählt. Dieses Bild vom lieben Gott mit Bart ist Unsinn. Ich glaube an einen gerechten Gott, der einen auch bestrafen kann. Ich stelle mir das so vor: Nach dem Tod ist man in Gottes Nähe. Du wirst in irgendeiner Form in Gottes Welt sein. Aber es werden ihm nicht alle gleich nah sein. Da gibt es dann eine Zone, in der du entfernt von Gott bist und du die Sehnsucht hast, ihm näher zu sein. Das ist die Phase, wo man geläutert wird. Man kann das Fegefeuer nennen, Läuterung finde ich aber besser.

Fürchtest Du Dich vor dem Tod?
Ich habe keine Angst. Was ich nicht will, ist so ein schleichender Tod. Ich möchte sanft übergehen. Das wäre würdevoll.

Die Vorstellung von einem gerechten Gott muss Folgen für das Leben auf Erden haben. Ist das Leben eine Prüfung?
Wenn du glaubst, dass du keine Rechenschaft abgeben musst, wenn du nur die Sachen siehst, die dir von Nutzen sind, die dir gefällig sind, ohne Rücksicht auf andere, dann wird die Welt brutaler und unmenschlicher. Wenn du aber erwartest, dass du irgendwann mal über dein Leben und dein Verhalten Rechenschaft ablegen musst, dann ist das etwas anderes. Was als Geschenk von Gott an die Menschen kommt, ist der freie Wille. Du kannst dich entscheiden, wie du willst, hin und her, un krüzz un quer, jot oder böse, wie de willst. Aber dann bist du auch für die Folgen verantwortlich.

Neben dem christlichen Glauben war die Liebe zur Heimatstadt eine feste Konstante, die Dir nicht nur in Gefangenschaft Halt gegeben hat. Du hast ein wunderbares Lied über die „kölsche Siel" gemacht, das zu einem Hit geworden ist. Glaubst Du, dass es diese „kölsche Seele" gibt?
Das glaube ich schon.

Die besondere Eigenschaft der Kölschen ist das spontane Aufeinanderzugehen, den anderen auf einem unkomplizierten Weg

zu erkennen und ihm vielleicht helfen zu können. Das ist was Besonderes. So funktioniert ja auch der Fastelovend:

Da sieht man deutlich, dass es die Gemeinschaft braucht, um gut zu leben und zu feiern. Das ist sehr typisch für Köln. Da stehst du am Zugweg, kennst erstmal keinen Mensch – und eine halbe Stunde später, bist du mit allen bekannt. Die Menschen finden zueinander. Jeder will dem anderen nur das Beste.

In der vergangenen Session warst Du so viel unterwegs wie lange nicht. Überall bist Du gefeiert worden, Du hast gesungen und Reden gehalten – und in den Sälen waren sich alle sicher, es mit einem biologischen Wunder zu tun zu haben. Wie schafft man das mit 98 Jahren?
Du darfst nicht pingelig werden und den Anschluss nicht verpassen. Bei mir beginnt der Tag immer gleich: Wenn ich erwache, wundere ich mich erst einmal: Och, da bin ich doch nochmal wach geworden. Dann muss ich mich entscheiden: Bleibe ich liegen, was ich am liebsten machen würde? Oder stehe ich auf? Das bedeutet, dass ich immer wieder mit 98 Baustellen in meinem Körper fertig werden muss. Ich muss mit Schmerzen leben. Wenn ich dann aber draußen bin und mit anderen Menschen spreche, spüre ich eine andere Welt mit allem, was ich mir für ein gutes Leben vorstelle. Dann ist das Unangenehme vergessen.

Ich freue mich, wenn ich mit jungen Menschen ins Gespräch komme. Das ist wie eine Adrenalinspritze. Ich brauche keine große Bühne, ich brauche nur die Menschen.

§7

Wat wellste maache?

Hypersensibel und sensitiv, fürsorglich und großherzig, gerne auch laut und krabitzig: Gaby Köster ist eine schillernde Persönlichkeit. Die Komikerin ist unüberhörbar eine Kölsche, aber mit den Kölner Klischees hat sie wenig am Hut. Sie ist Kölnerin durch und durch, aber macht kein Drama daraus.

Drama hat sie in ihrem Leben ohnehin genug gehabt. Am 8. Januar 2008 erlitt sie einen Schlaganfall, der ihr Leben drastisch veränderte. Ihre erfolgreiche Karriere wurde brutal gestoppt, ein Teil ihrer Beweglichkeit war „fott". Aber eines blieb unverändert – ihr Humor und ihr unbedingter Wille, das Leben so zu gestalten, wie es ihr gefällt: mutig, ohne jede Köln-Besoffenheit, aber mit viel Sympathie für das Ur-Kölsche.

Interview: Till Hoheneder

„Wat wellste maache?", Artikel 7 des „Kölschen Grundgesetzes". Kannst Du Dich damit verbinden?

Gaby Köster (62): Mit dem, ja. Und auch mit diesem „fott domet"-Gedanken aus dem 6. Artikel. Das sind die, mit denen ich irgendwie korrespondieren kann. Weil: Was soll man sich aufregen über Sachen, die nicht mehr aktuell sind? „Fott domet." Weg ist weg. Und sowieso: „Wat wellste maache?"

Wie denkst Du darüber in Bezug auf Deine Karriere vor dem Schlaganfall?

Also, für mich persönlich ist es so, dass ich mich nicht über Sachen aufrege, die nicht mehr sind, weil das ja Quatsch ist. Und es gibt für mich ohnehin viele Dinge im Leben, wo es absoluter Blödsinn ist, sich aufzuregen. Wetter, Stau ... Dinge, die man eben nicht ändern kann.

Guckst Du denn nicht auch manchmal nach hinten und wirst wehmütig?

Ich habe niemals nach hinten geschaut. Aber ich bin jetzt 62 Jahre alt, also im 63. Lebensjahr. Inzwischen habe ich gelernt, auch mal nach hinten zu schauen – aber mit Stolz! Nicht wehmütig auf das, was nicht mehr ist – sondern eher so: „Ach, guck mal, wie schön, was man alles gerockt hat!" Ja, das ist so mein Prinzip. Das im „Hier und Jetzt" ist wichtig, aber wenn ich mich umdrehe, denke ich: „Leck mich am Bollersack – das hast du aber gut hingekriegt!"

Viele sagen dann gerne mal sarkastisch: „Für vergangenen Ruhm kann man sich nichts kaufen." Wie denkst Du darüber?

Den kann man sich nicht nehmen lassen, und den muss man sich auch nicht neu erarbeiten. Und für vergangenen Ruhm, by the way, kann man sich sehr wohl einiges kaufen. Weil man zu früheren Zeiten Erfolge hatte und auch heute noch davon profitiert – wenn man nicht ganz blöde war. Also in meinem Fall ist es immer noch so: Die Leute haben nie aufgehört, mich zu lieben, was mich sehr glücklich macht – und was wirklich mein Herz erfreut.

Warst Du schon immer mutig, oder bist Du erst mutig geworden?

Ich glaube, ich war schon immer mutig. Also in einigen Dingen auf jeden Fall, ja. Ich war immer neugierig aufs Leben, auch als Pubertierendes schon, und habe dadurch natürlich auch das ein oder andere gemacht – zu Fuß aus der Kneipe nach Hause gelaufen, nicht wissend, dass ich mitten durch den roten Bezirk latsche zum Beispiel. Ich stehe da plötzlich unter einer Laterne, suche in meiner Handtasche den Hausschlüssel und aus dem Dunkel kommt eine völlig aufgedonnerte Hippe, laut schreiend, auf mich zu: „Hau ab, das ist unser Revier!" Und der ein oder andere Autofahrer fragte dann auch bereits mit runtergedrehter Seitenscheibe, was „es" denn kosten würde ... Ich habe das aber überhaupt nicht gerafft. Sowas finde ich im Nachhinein schon mutig – oder war das eher unbedarft?

Ist der Mut Dir immer ein guter Begleiter gewesen?

Ein überschaubarer Mut, den finde ich ganz wichtig. Aber nie vergessen, schon mal im Vorfeld latent abzuwägen, wo die Reise hingehen könnte. Wenn das Risiko zu heftig ist, darf man auch mal einen Rückzieher machen ...

In diesem Magazin geht es um die Bedeutung des „Kölschen Grundgesetzes" in dieser Zeit. Um Werte – und den Wert der Artikel für die kölsche Seele. Du bist in Köln geboren. Aber hat es für Dich jemals eine Rolle gespielt, Kölnerin zu sein? Fühlst Du Dich „kölsch"?

Das ist eine gute Frage. Ein Kumpel von mir – ich war neulich im Urlaub – schrieb mir eine WhatsApp: „Guten Rückflug" und „Heimat ist, wo der Dom ist!" Das ist ja auch so ein klassischer Kölner Spruch. Ich habe ihm direkt zurückgeschrieben: „Entschuldigung, aber bei mir ist es umgekehrt!" Ich bin wohl in keinster Weise eine „klassische Kölnerin". Ich bin so gar nicht von der Stadt selbstbesoffen und auch nicht „Köln-verliebt". Ich behaupte sogar, dass ich wohl erst zur Kölnerin mutiere, wenn ich wirklich eines Tages ausgewandert bin. Immerhin: Ich habe einmal Heimweh verspürt – als ich in Hamburg gedreht habe ... Das war zur Karnevalszeit. Ich hatte morgens auf dem Hotelzimmer den Fernseher angemacht, und da lief ein Interview mit Leuten von der Stunksitzung ... Da bin ich doch tatsächlich etwas melancholisch geworden, weil mir dieses Umfeld sehr, sehr vertraut war. Aber mit dem klassischen „Touristen-Karneval" habe ich nix am Hut. Mein Cousin, der Gerd, und ich sind ja in Nippes aufgewachsen. Wir Kösters sind mehr so die Straßen-Kölsche.

Ihr habt immer Kölsch gesprochen, von Kindesbeinen an?
Ja. Früher war es verpönt, Kölsch zu reden. Das geziemte sich nicht, das war „assi"! Geil war: Als „BAP" hochkam, haben die ganzen „Birkenstöcker" natürlich kein Wort Kölsch verstanden. Und die fanden uns Straßen-Kölsche dann plötzlich super, weil wir verstanden haben, was „de Niedecken-Jung jesunge hätt". Da waren wir als Übersetzer dann auf einmal schwer angesagt.

Ist das „Kölsche Grundgesetz" jemals für Dich von Belang gewesen?
Ich kenne das, klar. Aber ich fand das immer eher läppsch. Was der Kölner eben so kreiert, wenn er sich selbstverliebt beschreiben will.

Zu viel Köln-Getue?
Ich bin eigentlich ein offener Mensch. Aber mir geht es immer auf die Nerven, wenn man nicht über den Tellerrand gucken kann, will oder möchte. Es gibt doch nun wirklich genug Brauchtum und kölsche Klischees. Der Gerd ist mal angesprochen worden ... Da hat einer zu ihm gesagt: „Kannst Du nicht mal Lieder über Kölle schreiben?"

Und?
Da hätt de Gerd jesagt: „Woröm? Fehlt noch eins?" Ha! Beste Antwort ever.

Bei „Wat wellste maache?", da werden nicht wenige denken: „Das passt ja wunderbar auf die Gaby Köster, die hat ja durch ihre Krankheit so viel verloren – aber sie macht einfach weiter!"
Ich habe das nie so empfunden ...
Ich auch nicht. Ich habe einfach weitergemacht, ich habe mich auch im Wesentlichen nicht verändert. Außer vielleicht, dass ich etwas mehr Ecken bekommen habe, schärfere Kanten ...

Ich habe schon immer nach „Wat wellste maache?" gelebt. Weil ich so bin, aber ganz bestimmt nicht, weil ich einen Schlaganfall hatte.

Das Leben ist, wie es ist. Ich gucke lieber was jetzt ist. Was kann ich daraus machen? Der Schlaganfall ist jetzt 16 Jahre her. Der linke Arm macht es immer noch nicht. Ich kann auch immer noch nicht alleine durch die Gegend laufen. Soll ich →

mich jetzt darüber aufregen oder überlegen, von welcher der kaputten Rheinbrücken ich jetzt springen soll? Nein, ich kann es nun mal nicht ändern. Ich denke lieber: „Was machen wir jetzt Schönes?"

Ich kenne Dich jetzt seit über 20 Jahren ... Ich habe Dich nie bewusst als die „heimatliebende Kölnerin" wahrgenommen. Ich habe Dich immer nur über die Sprache als Kölsche identifiziert.

Das Kölsch liegt mir sehr am Herzen. Nicht nur mir, auch anderen Kollegen. Die kölsche Sprache – und wie sie weiterleben soll, weil das ja nur noch selten vermittelt wird. Wie erhalten wir diese Sprachkultur, die besonderen kölschen Wörter? Nimm mal ein Lied wie „En unserem Veedel" von den „Bläck Fööss". Klar ist auch das ein Schöndenken des Kölners, wieder mal, nach meiner kritischen Ansicht. Aber gleichzeitig hat das auch viel Wärme und viel Wahrheit. Gerade in der heutigen Zeit, wo sich kaum noch einer um den anderen kümmert. Nee, „Veedel" ist schon eine kölsche Hymne. Der Tommy Engel hat das auch immer als finales Lied im Programm. Ich finde darin das Ur-Kölsche, was ich von meiner Familie noch kenne, von der Seite meiner Mutter: Diese mediterrane Lebensart, abends im Sommer ein paar Stühle vor die Tür, die Älteren haben sich getroffen, jeder hat irgendwas zum Essen mitgebracht. Gelebte Nachbarschaft, geteilte Freude, geteiltes Leid. Das war für mich immer das Schöne, Südländische an Köln, dass die irgendwie draußen gelebt haben und auch miteinander verzällt haben.

Wie siehst Du Deine Zukunft?

Mein 60. Geburtstag war der geilste ever. Also jetzt nicht vom Feiern her, aber ich habe mir mit dem Tag gedacht: „Ihr könnt mich alle am Arsch lecken, ich mache ab jetzt nur noch, was ich will!"

Bleibst Du in Köln?

Ich habe schon oft überlegt, was wäre, wenn ich jetzt hier wegziehen würde? Für mich wäre die einzige Alternative Hamburg, weil da auch viel Wasser in der Gegend ist. Ich brauche immer ein bisschen Wasser mit dabei. Aber mir gefällt das Flair da auch einfach gut. Ob das reicht, um wegzuziehen von Köln? Ich weiß nicht. Natürlich mag ich Köln sehr. Ich bin ja hier geboren, habe mich sehr an Köln gewöhnt und mich mit den Jahren auch mit den Kölnern arrangiert. Ich liebe dieses Alte, was Köln an Tradition noch hat, was ich eben erzählt habe, mit Tischen und Stühlen vor der Tür, Nachbarschaft, Verzällen ...

Das ist für mich das liebenswerte Ur-Kölsche. Solange ich das noch finde, werde ich wohl bleiben.

Und abschließend – wie stehst Du nun zum „Kölschen Grundgesetz"?

(*lacht*) Das geht mir an den Heckwangen vorbei, mein Schatz! Ich meine: Schön, dass sich einer so eine Mühe gemacht hat, das alles aufzulisten ... Aber da ich mich grundsätzlich eher als eine Person empfinde, die frei von Regeln ist – was man als Komiker meiner Meinung nach sowieso ist – brauche ich gewiss kein Grundgesetz. „Watt wellste maache?"

ANZEIGE

Lust auf Lyrik?

Je **dreizehn Klassiker** und
+13 **zeitgenössische Gedichte**
in einem Magazin – begleitet von
essayistischen Kommentaren,
liebevoll illustriert.

„Ein ästhetisches Vergnügen"
(Süddeutsche Zeitung")

„Beglückend"
(Hamburger Abendblatt)

dreizehnplus13.de

§8

Mach
et jot,
ävver
nit ze
off.

Das „medium magazin“ wählte sie bereits im Jahr 2020 in die Liste der „Top 30 unter 30“-Journalistinnen. Die Autorin und Podcasterin *Yasmine M’Barek* schreibt für „ZEIT ONLINE“ und diskutiert mit Spitzenpolitiker*innen im Podcast „Ehrlich jetzt?“ über ihre Herzensfragen. In den TV-Talkformaten des Landes wird sie zu Innenpolitik und Wirtschaft befragt, auf Instgram geht es eher um Popkultur und Mode.

Es mache Sinn, sein Leben zu takten, sagt die Vielbeschäftigte: „Zweimal es gut machen, zweimal Pause.“ Sie lebt in Köln und Berlin – Kölschsein aber ist für die präzise Beobachterin „hundert Prozent Identität“.

Interview: Birgitt Schippers

Yasmine, die Stadt Köln behauptet von sich, supertolerant sein. Würdest Du das als Tochter eines tunesischen Vaters so unterschreiben?
Yasmine M'Barek (25): Ja, ich finde, Köln hat den Toleranzstempel verdient. Das Gemeinschaftsgefühl, wenn etwas passiert, ist hier viel größer. Wenn ich in der Berliner Bahn sitze und irgendwas ist, dann greifen seltener Leute ein als in der Kölner U-Bahn. Es kann hier auch schon mal sein, dass vielleicht eine Anke Engelke gerade in der Linie 16 sitzt und auch interveniert. Also, man hat in Köln das Gefühl, alle haben ein Auge drauf.

Dir wurden politische Diskussionen schon durch Deine Eltern quasi in die Wiege gelegt. Heute beschäftigst Du Dich als Journalistin schwerpunktmäßig mit der Bundespolitik. Wie schaust Du auf die lokale Politik in Köln?
Köln ist im schönsten Sinne so etwas wie ein unfertiges Projekt. Jede Optimierung dieses Projekts, finde ich, ist ein Pluspunkt. Und wenn nichts passiert, ist das auch okay.

Du hast Dich mal als konservativ und deutsch beschrieben. Und wie kölsch bist Du?

Kölschsein ist für mich hundert Prozent Identität.

Und was heißt das für Dich?
Es ist das Gefühl, sich in Köln zu Hause zu fühlen. Ich weiß, dass ich hier nie wegkann. Zu meiner kölschen Identität gehört auch der Karneval. Ich wollte jedes Jahr Prinzessin sein, immer mit einem neuen Kostüm. Später habe ich mit einer Freundin dann die verrücktesten Kostüme selber gemacht. Wir gingen als „Lightning McQueen" oder „Hook" aus dem Film „Cars" oder auch mal als zwei Quallen. Das fühlt sich in Köln überhaupt nicht komisch oder peinlich an. In Berlin schon. Wenn in Köln mitten im Sommer jemand an uns kostümiert vorbeilaufen würde, dann würde ich sagen: Toll! In Köln habe ich das Gefühl, man darf so sein, wie man sein möchte. (*lacht*) Aber ich gebe zu, dass ich manchmal auch ein bisschen blind bin, wenn es um meine Heimat geht ...

Unser Thema ist die kölsche Lebensweisheit „Mach et jot, ävver nit ze off." Was heißt für Dich, etwas gut zu machen?
Es gut machen, heißt für mich, dass man immer mit dem Gewissen hinter dem steht, was man macht, welche Entscheidungen man trifft oder welches Leben man lebt. Jeder definiert für sich selbst, was gut ist. Aber daraus kann auch ein sehr egozentrisches Gutmenschsein entstehen. Zum Beispiel, wenn Leute auf das Klima achten und andere echt shamen, wenn die in Urlaub fliegen oder nicht wiederverwendbare Kaffeefilter benutzen, aber mit ihrem Klimaaktivismus vor allem zeigen wollen, wie gut sie selbst sind. Sie wollen sich permanent bestätigt fühlen und sich nicht angreifbar machen. Es geht ihnen also vor allem nur um sich. Ich glaube aber, eine Gesellschaft funktioniert nur gut, wenn sich alle die Hand reichen.

Was müsste passieren?
Seit der Pandemie ist dieser Impuls verloren gegangen, direkt und spontan etwas Gutes zu machen. Das fängt schon mit dem Umgangston an, wie Leute zum Beispiel Servicekräfte anpflaumen. Das ist oft dann der Fall, wenn Leute meinen, sie würden über den anderen stehen. Ich finde, auch die Berührungsangst gegenüber hilfsbedürftigen Menschen ist größer geworden. Es fehlt an Empathie, so ein kollektives Wir-Gefühl. Es sind die kleinen Dinge, mit denen wir etwas än-

dern können, gerade heute, wo es so viele einsame Menschen gibt. Also mit ihnen in ein Café gehen. Mit Leuten, die neben dir sitzen, ein Gespräch starten. Wir brauchen wieder mehr Empathie. Das kann man auch lernen. Am besten schon in der Schule.

Wenn Du so in Dein Leben schaust – was hast Du richtig gut gemacht?
Ich würde nie sagen: „Ich habe etwas gut gemacht." Ich gehe Dinge an mit der Motivation, das Beste zu geben und es so gut zu machen wie möglich. Aber ich möchte mich nicht so viel mit mir selbst beschäftigen, nur um danach zu sagen: „Seht her Leute, das habe ich gut gemacht." Ich finde es schön, wenn Leute auf sich stolz sein können. Aber in meinem Leben hat so eine Selbstbeweihräucherung nie Platz gehabt. Für mich gilt: Hauptsache, es ist gut gegangen, und es steckt eine aufrichtige Intention hinter meinem Tun.

Wenn wir mal jede Spielart von Selbstbeweihräucherung weglassen – worüber bist Du froh, weil Du es gut gemacht hast?
Ich bin froh, dass ich die Leute in Köln nicht vergessen habe, mit denen ich viel zusammen war. Sie geben mir viel Kraft. Das ist gerade in meinem Beruf sehr zentral. In Berlin kenne ich so viele Leute und rede mit ihnen über Gott und die Welt … Das kann einen manchmal so ein bisschen vom Boden abheben. Deshalb bin ich viel in Köln und spreche mit der Familie und Freunden. Sie sind für mich das Portal in die richtige Welt.

Warum?
Ich glaube, dass die Leute, die journalistisch oder politisch in dieser Berliner Blase arbeiten, oft vergessen, dass viele Dinge gar nicht so schlimm oder gar nicht so groß oder gar nicht so wichtig sind für die meisten Menschen. Wenn ich nach Köln komme mit politischen Themen, dann interessiert es entweder keinen, oder sie haben eine ganz andere Meinung. Dadurch werde ich im besten Sinne geerdet.

In der Politik wird sehr viel und grundsätzlich gestritten darüber, was gut gemacht wurde oder nicht. Wie gehst Du damit um?
Ich glaube, wenn ein Mensch eine gute Intention hat, dann sollten wir das erst einmal anerkennen. Das haben wir, glaube ich, etwas verlernt. Ich kann dann trotzdem noch darüber debattieren, ob das am Ende des Tages gut ist oder nicht.

In Köln ist es üblich, einander auf die Schulter zu klopfen und zu sagen: „Dat häß do jot jemaht." Ist dieses „Schönklopfen" nicht ein bisschen übertrieben?
Nein, das ist doch das Schöne an Köln – wenn man selber denkt, das ist doof gelaufen, dann kommt in Köln oft jemand und sagt: Alles ist gut, Du hast alles gegeben, ist doch jetzt eh egal, scheiß drauf.

Das ist ein krasses kölsches Ding. In anderen Städten würden die Leute direkt auf den Selbstzweifelzug aufspringen.

→

Warum wird denn in Deutschland vieles schlechtgeredet?
Meckern tun diejenigen, die mit sich selbst unzufrieden sind. Auch das muss man, glaube ich, anerkennen. Das ist so ein Punkt, wo wir die Leute abholen können. Jeder kennt doch solche Zeiten, in denen man am liebsten jeden ankeift. Aber ich finde, genau dann sollten wir irgendetwas Gutes machen, damit der innere Friedenshaushalt wieder hergestellt wird.

Meckern auch die Kölner?
Ja, aber denen kann ich das gar nicht übel nehmen, weil das so ein herzliches Meckern ist. Die Kölner können sich über irgendwas aufregen, aber ihnen ist das dann auch nach fünf Minuten wieder egal – spätestens wenn sie ihr Kölsch haben. *(lacht)*

Klingt fast so, als sollte diese kölsche Mentalität auch ein bisschen Schule machen im Rest von Deutschland ...
Ja wirklich, ich würde sie gerne mit nach Berlin nehmen oder auch nach München. Wenn wir mal anfangen würden, uns so über die Dinge aufzuregen wie die Bayern, mein Gott, nee! Ich versuche, diesen kölschen Optimismus und diese Leichtigkeit, dieses „Ach komm", überall, wo ich bin, einzubringen.

Jetzt sollen wir laut „Kölschem Grundgesetz" zwar alles gut machen, aber nicht zu oft. Wann wird es des Guten zu viel?
Ich sehe darin fast eine Kapitalismuskritik. Der Artikel 8 richtet sich gegen diesen Druck, dauernd irgendwas gut machen zu müssen, dauernd zu performen und Leistung zu erbringen im moralisch besten Sinne. Das ist anstrengend und saugt einen leer. Ich glaube, Leute können nicht mit dem Gefühl leben, etwas nicht gut hinzukriegen. Dahinter steckt auch ein Perfektionismus, durch den man sich über die anderen Leute stellen kann, weil man immer alles gut macht. Das können auch kleine Sachen sein – wie Kuchen zu backen für den Kindergeburtstag oder sich kommunal für eine Straßenumbenennung zu engagieren. Das ist an sich ja keine schlechte Sache. Aber das ist wie ein kapitalistischer Leistungsfaktor im Privaten.

Bist Du ein Typ, der in Versuchung ist, des Guten zu viel zu machen?
Wenn man ziemlich jung ist, dann findet man ja alles noch ganz toll, ist dem Idealismus näher und will ganz viel gut machen. Aber ich habe gemerkt, dass manche Dinge gar nicht so tiefgründig sind, oder es überhaupt nichts gebracht hat, etwas sehr gut zu machen. Ich bin schon eine sehr ehrgeizige Person. Und wenn etwas nicht als gut gewertet wird, dann ist das schon ein Downer. Aber auch das muss man lernen, auszuhalten. Wenn ich jetzt auf mein Leben schaue, dann denke ich mir: Schalte doch mal zwei Gänge runter, dann hast du wieder mehr Kraft und Zeit für das nächste Mal, etwas gut oder sogar besser zu machen.

Wer zu viel Gas gibt, fällt irgendwann hart. Es macht Sinn, sein Leben zu takten – zweimal es gut machen, zweimal Pause.

Und ich glaube auch, dass es nicht sinnvoll ist, sich völlig einer Sache zu verschreiben, sich eine komplette Identität darüber aufzubauen und unerreichbar gut sein zu wollen. Ich mache Journalismus total gerne, aber ich habe kein Problem damit, irgendwann in Köln einen Laden aufzumachen, wo ich Bücher verkaufe, schöne Tücher und Kaffee.

Yasmine, Deine Liebe zur Stadt ist groß. Wie kannst Du Dir erklären, dass man in anderen Teilen der Republik manchmal eher achselzuckend auf Köln schaut?
Ich glaube, dass die Leute neidisch auf die Kölner sind, weil wir mit unserem kölschen Lebensgefühl weniger Erwartungen an uns und andere stellen.

> In Köln, dieser abgerockten, hässlichen, wunderschönen Stadt, gibt es höchstens den Druck, ein gutes Leben zu haben und jede Sekunde wertzuschätzen. Viele können das nicht verstehen, warum wir die Stadt schön finden, weil sie das kölsche Lebensgefühl nicht kennen.

Wenn Kölner sich verabschieden, dann sagen sie kurz und knapp: „Mach et jot!" Klingt ja fast wie eine Befehlsform. Wie stehst Du zu dieser kölschen Art, auf Wiedersehen zu sagen?
Gefällt mir total! Das höre ich oft von Leuten, weil ich durch den Job viel unterwegs bin. Sie wollen mir damit sagen: „Mach es gut, dort, wo Du jetzt hinfährst. Aber Du musst auch wiederkommen. Und so lange Du weg bist, verlasse ich mich auf Dich und vertraue Dir, dass Du es gut machen wirst." Ich werde durch dieses „Mach et jot" regelrecht ermutigt. Immer wenn ich vom Hauptbahnhof wegfahre und den Kölner Dom sehe, denke ich mir, auch der Dom ruft mir zu: „Komm wieder zurück. Alles wird gut."

§9

Wat soll dä Quatsch?

Die Schauspielerin, Sängerin und Kabarettistin *Biggi Wanninger* ist Sitzungspräsidentin der Kölner „Stunksitzung", die 1984 von einer Gruppe Studierender gegründet wurde.

Intelligent unterhalten und auf eine humorvolle Weise weltpolitische und gesellschaftliche Missstände benennen, ist ihr Anspruch – aber manchmal sei es auch befreiend, einfach nur Quatsch zu machen ...

Interview: Birgitt Schippers

Quatsch machen, albern und lustig sein. Hat das für Sie etwas Positives?

Biggi Wanninger (69): Ja, weil es auch etwas Befreiendes hat, mal ohne das Hirn einzuschalten, einfach nur Quatsch oder Unsinn zu machen. Es hat auch etwas Pubertäres. Für die Stunksitzung ist das, glaube ich, auch ganz wichtig, dass wir noch so ein bisschen pubertär bleiben und ohne Scheren im Kopf beim Brainstorming für eine neue Sitzung den Gedanken, die man gerade hat, freien Lauf lassen. Und mit Humor und Quatsch, finde ich, kommt man auch einfach besser durchs Leben!

Ist Karneval mehr als nur Quatsch oder Unsinn?

Es gibt Leute, die sagen, Karneval sollte politikfrei sein. Das sehe ich ein bisschen anders.

Zum Karneval gehört es dazu, als Narr oder Närrin der Gesellschaft und den politisch Verantwortlichen den Spiegel vorzuhalten: So wollen wir das nicht, wie Ihr das gerne hättet. Aber natürlich gehört zum Karneval auch, dass man mal Fünfe gerade sein lässt, aus der Reihe tanzt oder über die Stränge schlägt. Natürlich ist auch Anmache und Knutschen erlaubt. Aber auch im Karneval gilt: „Nein" heißt „Nein", egal wie vernebelt das Hirn durch zu viel Alkohol ist.

Wie halten Sie als Präsidentin der Stunksitzung die Balance zwischen Feierlaune und Ernst?

Ich würde jetzt nicht den ganzen Abend nur Quatsch machen wollen. Mir ist es schon wichtig, auch Haltung zu bestimmten Themen zu zeigen. Oder auch mal Themen anzusprechen, die nicht so lustig sind. Oder Nummern zu spielen, die anrührend sind. Meine Idee von Auf-der-Bühne-stehen ist, die Vielfalt zu zeigen, die das Leben so mit sich bringt. Alles gehört zum Leben dazu: der Quatsch wie der Tiefsinn, das Lachen und das Heulen.

Was ist für Sie persönlich so besonders am Karneval?

Es gibt an Karneval Begegnungen, die ich sonst nicht habe. Ich bin einmal alleine an Weiberfastnacht mit meinem kleinen Trömmelchen durch die Kölner Südstadt gezogen, habe mich zu einer Gruppe von Karnevalsjecken und -jeckinnen mit Instrumenten gestellt, und wir haben zusammen Musik gemacht. Ich wurde sofort mit offenen Armen aufgenommen. Das war ein tolles Gefühl. Es berührt mich sehr, wenn Menschen für eine Sache brennen und dann etwas gemeinsam machen. Ganz besonders war das am Rosenmontag nach dem Überfall Russlands auf die Ukraine der Fall. Da stellte sich natürlich die Frage: Darf man jetzt noch Karneval feiern? Der offizielle Rosenmontagszug wurde natürlich abgesagt. Aber dann sind allein in Köln 250.000 Menschen kostümiert durch die Stadt gegangen und haben gemeinsam Haltung gezeigt. Das mag für den Rest der Republik befremdlich gewesen sein, aber in Köln geht das.

Gemeinsam schunkeln gehört auch zum Karneval. Macht Ihnen Schunkeln Spaß?

Ich bin nicht so eine Schunklerin. Vor allem, wenn ich mich dazu genötigt fühle. Wenn ich das Gefühl habe, alle müssen jetzt schunkeln oder eine Polonaise machen, das geht für mich gar nicht. Aber für viele gehört das dazu. Und das ist völlig o.k. Im ersten Jahr der Stunksitzung, 1984 war das, gab es zum Beispiel eine

Schunkelnummer, die natürlich ironisch gemeint war. Trotzdem fingen alle an zu schunkeln, was für große Überraschung bei den Stunkern und Stunkerinnen gesorgt hat. Denn Schunkeln war für Linke spießig und hatte was Bierzeltmäßiges. Die Stunksitzung ist ja entstanden, um den traditionellen Karneval „instand zu setzen", also einen politischen Karneval als Alternative anzubieten. Denn vor vierzig Jahren war die Art, wie man den Sitzungskarneval feierte, doch sehr steif und piefig. Und was damals als Quatsch oder lustig empfunden wurde, zum Beispiel sexistische Witze unter der Gürtellinie, hatte meiner Meinung nach mit Humor nichts zu tun.

Es gibt ja Menschen, die schauen auf das Karnevalstreiben und fragen sich: Was soll der Quatsch? Haben Sie da auch ein bisschen Verständnis für?

Es ist ja auch verrückt. Menschen, die nicht in Köln leben, die verstehen ja gar nicht, dass quasi wie auf Kommando an Weiberfastnacht ein Schalter umgelegt wird. Ich sage es mal so:

Jeder Jeck und jede Jeckin ist anders, und das ist auch gut so.

Und wenn jemand sagt, nee, das ist so gar nicht meins, und das Ganze für Quatsch hält, ist das doch in Ordnung. Es muss ja niemand mitmachen. Ich kenne genügend Leute, die an Karneval die Stadt verlassen. Völlig o.k.

Als Sitzungspräsidentin sorgen Sie für gute Unterhaltung, aber Sie legen auch politische und gesellschaftliche Missstände offen. Ist es in Ordnung, wenn auch Leute in die Stunksitzung kommen, die nur gut unterhalten werden wollen?

Das ist völlig o.k. Wenn sich Leute gut unterhalten fühlen, ist das doch auch schon sehr viel wert. Und wenn dann noch was hängenbleibt von dem, wozu wir uns politisch äußern: ist doch super. Das wäre doch total langweilig, wenn wir nur Menschen im Publikum hätten, die selber politisch aktiv sind und uns nur kopfnickend zustimmen. Ich finde das Quatsch, sich nur von der eigenen Bubble bestätigen zu lassen. Wir haben aufgrund von Mails, die wir bekommen haben, erfahren, dass wohl auch AfD-Sympathisanten oder AfD-Wähler und -Wählerinnen in der Stunksitzung waren. Zu uns kommt eben ein Querschnitt der ganzen Gesellschaft, von links bis rechts, von wohlhabend bis weniger wohlhabend, alle Berufe sind da vorhanden.

Wie haben die AfD-Anhänger auf Ihr Stunksitzungsprogramm reagiert?

Ja, diejenigen, die die Mails geschrieben haben, waren nicht wirklich amused von dem, was wir gesagt haben. Im Gegenteil. Aber das muss man dann aushalten.

Wann kommt für Sie Quatschmachen an eine Grenze?

Über Opfer machen wir uns nicht lustig, das ist ein No-Go. Außerdem sollte Kabarett nach oben treten und nicht nach unten.

Jeder und jede bekommt den Witz, den er oder sie verdient. Aber bei Opfern hört das Blödsinnmachen auf. →

Der Artikel „Wat soll dä Quatsch?“ wird in vielen Quellen übersetzt mit: „Was soll dieses sinnlose Gerede?“ Wo wird denn Ihrer Meinung nach besonders sinnbefreit geredet?
Mir gehen mittlerweile doch so einige politische Talkshows ziemlich auf den Senkel. Ich würde sie nicht unbedingt als sinnlos bezeichnen, aber es ist so floskelhaft. Für mich werden zu oft dieselben alten Antworten auf neue Probleme gegeben, oder neue Fragestellungen werden abgewiegelt mit: „Das geht nicht!“ Das finde ich ermüdend. Und bei manchen Gästen habe ich das Gefühl, dass sie ihren zweiten Wohnsitz im Studio angemeldet haben. Da würde ich mir wünschen, dass mal andere Menschen eingeladen werden, die weniger floskelhaft daherreden.

Was sagen Sie zu den Hassreden, die von Verschwörungsgläubigen und Rechtsextremen ins Netz gestellt werden?
Die sind schrecklich, aber da würde ich nicht sagen: „Wat soll dä Quatsch?“ Das ist mehr, das ist bedrohlich. Bei „Wat soll dä Quatsch“ stellt man nur infrage, ob das das richtige Verhalten, die richtige Antwort oder die richtige Herangehensweise ist. Aber diese Leute sind ja demokratiefeindlich und ihre Äußerungen menschenverachtend. Da ist das mit „Wat soll dä Quatsch“ viel zu harmlos. Das ist besorgniserregend.

Kommen wir mal zu den Kölschen. Die Kölschen scheinen ja besonders gerne viel und nicht immer zielführend daherzureden – man könnte auch sagen, sie quatschen ohne Punkt und Komma …
Ja, das habe ich auch schon das eine oder andere Mal erlebt, so zum Beispiel als ich meine Präsidentinnenjacke in die Reinigung gebracht habe. Die Frau in dem Laden begann sofort zu erzählen, dass ihre Tochter eine ganze Zeit lang schon in den USA ist, und dass sie gar nicht wüsste, wann sie zurückkommen würde … Sie hat mir das einfach so erzählt, ohne dass ich sie danach gefragt habe. Wir kannten uns überhaupt nicht.

Aber das hat für mich irgendwie auch Charme, Dinge erzählt zu bekommen, nach denen man nicht gefragt hat.

Ich fand das sehr sympathisch, denn es war so ein schönes Miteinander. Da würde ich nie sagen „Wat soll dä Quatsch?“.

Also nicht gleich negativ reagieren, wenn Leute mal Quatsch reden oder machen …
Nein, ich kann das ja auch positiv aufnehmen. Wenn ich sage: „Wat soll dä Quatsch?“, ist das sofort eine Bewertung. Das kann ganz schön abwertend und auch selbstherrlich sein – nach dem Motto: „Ich weiß, was richtig und sinnvoll ist.“ Man bügelt einen Menschen dann ja auch einfach ab. Das ist auch ein bisschen arrogant und verhindert vor allem die Kommunikation. Eigentlich müsste man eher fragen: „Wie kommst Du da drauf? Was meinst Du damit? Warum sagst Du das?“ So kommt man ins Gespräch und quatscht dann miteinander.

Den Menschen ernst nehmen, ist Ihnen wichtig …
Genau, es gibt eben immer einen Grund, warum jemand etwas sagt. Und es ist ja manchmal auch so, dass man sich nicht immer so gut ausdrücken kann, oder es fehlen einem die richtigen Worte. Das kenne ich ja auch. Und dann sagt man so

Sachen, die andere für Quatsch halten. Ich finde es sehr wichtig, nachzufragen, warum jemand was sagt.

Eines der Top-Reizthemen in unserer Gesellschaft ist zurzeit das Gendern. Da sagen auch nicht wenige: „Wat soll dä Quatsch?". Wie stehen Sie dazu?
Das sehe ich anders, aber auch da überlasse ich jedem und jeder, zu gendern oder nicht zu gendern.

Ich sage schon immer zur Begrüßung auf der Stunksitzung: „Leev Jeckinnen und Jecken." Das ist aber noch kein Gendern, das bedient ja sprachlich nur die weibliche und die männliche Form.

Ich mache aber manchmal auch diese kleine Pause im Wort wie bei Jeck*innen. Ich entscheide das spontan, so wie ich es für den Moment richtig finde. Was ich nicht will ist, dass man sich gegenseitig die Köpfe abreißt. Das finde ich dann Quatsch! Das bringt nichts und verhärtet die Fronten. Ich wundere mich jedoch, wenn eine Frau sagt: „Ich bin Lehrer.", wo es doch die weibliche Form – also „Lehrerin" – gibt. Das verstehe ich dann wirklich nicht, wenn eine Lehrerin sich selbst als Lehrer bezeichnet ...

„Wat soll dä Quatsch?" ist einer von elf Artikeln im „Kölschen Grundgesetz" Ist das eine gute Idee?
Ich glaube, da steckt ja was Kölsches mit drin wie: „Da beschäftige ich mich nicht mit, das interessiert mich gerade nicht, darauf habe ich keine Lust oder so einen Quatsch brauche ich jetzt nicht." Ich muss mich ja auch nicht mit allem beschäftigen. Das ist ja durchaus eine entspannte Haltung. „Wat soll dä Quatsch?" hat eben viele Facetten, was auch schön ist. Man sollte eben nur darauf achten, wann man es benutzt. Es sollte weder das eigene Denken einschränken, noch das Denken anderer Menschen abwerten. Es gibt für mich übrigens noch eine Steigerung von „Wat soll dä Quatsch?" (*lacht*) Und das ist: „Was ist das für ein Scheiß?!" Und wenn ich das sage, dann bin ich wirklich – ich muss es leider so sagen – angepisst.

Würden Sie gerne noch eine andere kölsche Lebensweisheit im „Kölschen Grundgesetz" verankert sehen?
Ich finde es schade, dass der Spruch „Jeder Jeck und jede Jeckin ist anders" nicht auftaucht. Er macht klar, dass wir alle verschieden und ein bisschen jeck, also verrückt, sind. Und das ist doch schön. Für mich ist das übrigens auch ein klares Statement gegen jegliche Art von Rassismus und Fremdenfeindlichkeit.

§10

Drinkste ene met?

„Kölsch ist flüssig gewordenes Lebensgefühl“, sagt *Heinrich Becker,* der die Privatbrauerei Gaffel in der vierten Generation führt.

Ein Gespräch über den großen Vorteil kleiner Gläser, Kränze und Köbesse, die Magie von Bleistiftstrichen auf dem Bierdeckel, ein Fässchen im Grab – und die soziale Komponente gelebter Brauhauskultur.

Interview: Marcel Schwamborn

Die Privatbrauerei Gaffel wird bereits in der vierten Generation geführt. War Kölsch im Hause Becker allgegenwärtig?
Heinrich Becker (48): Das ist bestimmt in vielen Familienunternehmen so, dass die Firma mit nach Hause genommen wird und Teil der Gespräche beim gemeinsamen Abendessen wird. Hinzu kommt, dass man sich in Köln mit einem lebendigen Produkt wie Bier natürlich wesentlich besser identifizieren kann als beispielsweise mit Markisen. Die Marke war stets präsent.

Sieht es in einem Brauerei-Haushalt wie in einer Gaststätte aus?
Ganz so wild ist es nicht. Wir haben aber zu Hause immer nur aus Kölschgläsern getrunken statt aus Wassergläsern. Das Logo hatte man so immer vor Augen.

Meine beiden Töchter dachten, als sie noch ganz jung waren, dass das Männchen im Gaffel-Logo, das eigentlich den kölschen Bauern darstellen soll, ich sei.

Du durftest doch bestimmt schon in jungen Jahren Kölsch trinken, oder?
Wir waren sehr oft mit meinem Vater in der Brauerei, haben zwischen den Fässern und Kästen gespielt. Da durften wir schon mal Jungbier probieren, vor dem Gärprozess hatte das noch keinen Alkohol. Wir haben als Kinder auch sehr gerne Malzbier getrunken; damals gab es ja noch keine Fassbrause. Darüber hinaus war mein Vater auch ein sehr geselliger Mensch. Entsprechend häufig waren wir in diversen Gaststätten und Brauhäusern. Ich habe früher als Kind oft bei Familienfesten für die Gäste Bier gezapft. Kölsch zapfe ich auch heute noch gerne, hin und wieder an Weiberfastnacht im „Gaffel am Dom", wenn es da hoch hergeht.

Die Beerdigung Deines Vaters 2017 war auch nicht ganz alltäglich.
Mein Vater hat 42 Jahre die Brauerei geleitet und diese in hohem Maße geprägt. Daher war klar, dass wir ihm ein volles Fässchen mit ins Grab geben müssen. Bei Führungen über den Melaten-Friedhof wird diese Geschichte gerne erzählt. Seinen Sarg haben sechs Köbesse aus dem „Gaffel am Dom" getragen – in der klassischen Montur.

Was macht für Dich den besonderen Reiz der Brauhaus-Kultur aus?
Die kölschen Brauhäuser sind Teil der Kölner Kultur, unserer DNA. Es gibt vier Säulen in der Stadt: den Dom, den Karneval, den FC und Kölsch. In den Brauhäusern vereinen sich diese Themen. Es finden sich dort Menschen jeden Alters und aus allen Länder unkompliziert zusammen.

„Drink doch ene met" ist von den Fans zum zweitbeliebtesten „Bläck Fööss"-Song aller Zeiten gewählt worden. Nur „In unserem Veedel" konnte das toppen.
Das gibt es auch nur in Köln. Welche Stadt hat schon so viel Liedgut, das die Menschen zusammenbringt? Die „Fööss" haben da einen perfekten Grundstein gesetzt. „Liebe deine Stadt" oder „Et jitt kei Wood" von „Cat Ballou" bringen dieses Gefühl auch musikalisch auf den Punkt. Diese Energie, die da freigesetzt wird, ist enorm. Der Kölner braucht

dieses wärmende Gefühl ums Herz, diese Gedanken an zu Hause und an die Gemeinschaft.

Ein Kölsch repräsentiert also ein Stück Heimat?

Kölsch ist flüssig gewordenes Lebensgefühl.

Es gibt extrem viele Exil-Kölner, die überall auf der Welt verstreut leben. Es ist für die etwas ganz Besonderes, dieses Gefühl in Berlin, New York oder Shanghai zu erleben. Wenn man irgendwo auf der Welt ein Kölsch im Supermarkt findet, fühlt man gleich diese Heimat.

Verrückt ist es ja schon. Eigentlich reist man, um Land und Leute kennenzulernen. Und dann greift man doch zum Kölsch?
Ich bekomme permanent Fotos oder Videos geschickt, weil sich Menschen freuen, wenn sie in Amerika, Brasilien oder auf Mallorca Kölsch trinken können. Man genießt es einfach, in dem Moment ein Stück Köln zu haben. Allein durch den Namen Kölsch, der sich von der Stadt ableitet, schwingt dieses Gefühl mit. Ich kann mir vorstellen, dass sich ein Münchner auch freut, wenn er irgendwo ein Weizenbier findet, aber für einen Kölner ist das, als würde er irgendwo den Dom oder den Geißbock des FC sehen. Das Bier ist dann wie ein Mini-Botschafter, ein Anker nach Hause.

Und ein Schluck Kölsch stillt diese große Sehnsucht nach der Stadt?
Köln hat definitiv seine Schwächen, aber liebenswert ist die Stadt aufgrund der Menschen und der Mentalität. Das ist wie das Gefühl, wenn man aus dem Urlaub kommt und dann wieder erstmals den Dom sieht. Wenn ich ein Kölsch trinke, erinnere ich mich vor allem an das „Jeföhl“ – an die Zusammengehörigkeit, die Kneipenkultur, das Unkomplizierte.

Nicht-Kölner schütteln bei vielen Dingen ja schnell mal den Kopf. Angefangen bei den „Reagenzgläsern“.
Teilweise belächelt man uns wegen der kleinen Gläser. Ich sage: Der Vorteil liegt auf beziehungsweise in der Hand. Bei einer Maß in Bayern ist das letzte Drittel einfach schal. Das Kölsch ist immer voll und frisch. Ein guter Köbes stellt ein neues Glas daneben, wenn man nur noch ein Drittel im Glas hat. Das sorgt dafür, dass man immer eine perfekte Bierqualität hat und dass der Bierstrom nie abreißt. Dass Menschen schon einmal zehn Kölsch an einem Abend trinken, ist nicht außergewöhnlich.

Dass Nachschub kommt, ohne explizit zu bestellen, irritiert sicher auch einige.
Viele Touristen zelebrieren es, den Bierdeckel aufs Glas zu legen, wenn sie nichts mehr wollen. Ich glaube, die Kölnerinnen und Kölner machen das nur vereinzelt.

Aber auch diese Geste ist Teil der Kultur: kleines Glas, Kranz, Bleistiftstriche auf dem Bierdeckel.

Wenn wir mit Freunden einen tollen Abend hatten, fotografieren wir den Deckel gerne als Trophäe.
Genau solche Rituale machen ja das Erlebnis – und den Deckel – rund. Durch die langen Tische in den Kölner Brauhäusern kommen verschiedene Gruppen sofort miteinander ins Gespräch. Auch dort gilt das „Drinkste ene met“-Motto. →

Da schauen sich Gäste gerne voneinander die Regeln ab, kommen so auch unkompliziert und schnell ins Gespräch.

Zur Kultur gehören auch die Köbesse. Wie kommen Nicht-Einheimische mit der etwas derben und forschen Art der Kellner zurecht?

Ich muss zugeben: Einige sind schon ein wenig drüber. Die klassischen Sprüche, wenn man ein Wasser bestellt, ob man auch Seife dazuhaben will, mögen ja noch gehen. Wir haben für das Gaffel am Dom aber eine klare Haltung. Die Köbesse können mal einen Spruch bringen, müssen aber freundlich bleiben. Der Gast ist König und soll sich wohlfühlen. Daher sollen keine Grenzen überschritten werden. Kölsch trinkt man nicht nur, man spricht es auch. Die „Kölsch Sprooch" gehört ebenso zur Kultur. Aber insbesondere die Kölsch-Vokabeln lernt jeder inklusive der Immis sehr schnell: Köbes, Zappes, Pittermännchen, Kranz, Stange Stössje und mehr. Diese Begriffe werden auch in unseren Zapfer-Schulungen im Gaffel am Dom kultiviert. Darüber hinaus lernt man hier, wie man ein perfektes Kölsch zapft.

Früher konnte man in der Stammkneipe auch anschreiben und dann am Ende der Woche bezahlen. Die „Bläck Fööss" haben das einst in dem schönen Lied „Ich han 'nen Deckel" besungen.

In der Veedelskneipe kann man heute immer noch anschreiben, wenn der Wirt seine Gäste kennt. Das zeichnet diesen Raum aus, quasi als dritten Platz im Alltag. Man hat sein Zuhause, die Arbeit und die Kneipe. Der Wirt ist hier eine enge Bezugsperson, bei der man auch mal einen Tag später bezahlen kann. Die soziale Komponente einer Gastronomie, um auch mal Abstand zu Beruf und Familie zu gewinnen, ist hier noch sehr verbreitet. An der Theke und an den Tischen ist sozialer Austausch und das Treffen mit Freunden leicht möglich. Meist dauert es keine fünf Minuten, bis man angesprochen wird. Da steht der Vorstandsvorsitzende neben dem Azubi, man ist schnell beim kölschen Du, tauscht sich auf kölsche Art unkompliziert aus.

Der Wirt und seine Kneipe als Kummerkasten?

Auf jeden Fall. Für viele ist es ein Zufluchtsort. Da haben schon viele an der Theke mal den Kopf freibekommen. Da geht es um Politik, Sport, Wetter – mal wird gelacht, mal geschimpft.

Gibt es auch noch den klassischen Stammtisch?

Wir haben Stammtische, die sich regelmäßig mit 20 bis 30 Personen im „Gaffel am Dom" treffen. Einige haben sogar eine Plakette an ihrem Tisch. Andere bringen auch schon mal einen Wimpel mit und stellen ihn dann auf. Darüber hinaus haben wir jede Menge Stammgäste. Da gibt es zum Beispiel die ältere Dame, die täglich zum Mittagstisch kommt und sich über ein paar Gespräche freut.

Ist ein großes Brauhaus nicht eher ein Touristenmagnet?
Durch die Nähe zum Dom und zum Hauptbahnhof steuern natürlich viele Touristen unser Brauhaus an. Es ist aber auch eine Heimat für viele Kölner geworden. Durch die wöchentlichen Mitsingabende mit Björn Heuser oder die Übertragungen der Spiele des 1. FC Köln ist es auch bei Einheimischen sehr beliebt.

Apropos FC: Hat der sportliche Erfolg der Mannschaft Einfluss auf den Bierumsatz?
Und ob! Das merken wir im Stadion, im Brauhaus und der ganzen Stadt. Als Marktführer in der Region beliefern wir jede dritte Gastronomie in Köln. Wenn der FC gewinnt, ist die ganze Stadt positiv aufgeladen. Dann sind die Menschen in Feier- und Spendierlaune. Das ist ja auch das Schöne an einem Kölsch. Preislich ist das noch überschaubar. Mit 20 Euro kann man ein paar Stunden im Brauhaus verweilen und sich eine gute Zeit gönnen. Das ist schon anders als bei einem Gin Tonic, der auch mal 15 Euro kostet und nach zehn Minuten ausgetrunken ist.

Über kaum etwas wird jedoch so leidenschaftlich debattiert wie über den Kölsch-Preis.
Es gab in jüngster Zeit extreme Kostensteigerungen. Löhne, Energie- und Rohstoffpreise sind enorm gestiegen. Dies weiterzugeben, ist nicht angenehm. Dennoch ist ein Bier im internationalen Vergleich in Deutschland immer noch sehr günstig. Natürlich ist der Bierpreis ein Indikator. Aber ein Glas Kölsch, was zwischen 2 und 2,50 Euro kostet, ist im Vergleich zu einem Wein oder Longdrink preislich immer noch okay.

Dennoch geben gerade im ländlichen Bereich immer mehr Wirte auf.
Gastronom zu sein, ist auch ein anstrengender Beruf. Natürlich registrieren wir, dass hohe Kosten und wachsende Bürokratie vielen Wirten Probleme bereiten. Wir verzeichnen auch einen Rückgang beim Fassbierabsatz, während der Verkauf der Flaschenprodukte steigt.

Eure Brauerei bietet inzwischen deutlich mehr als „nur" Kölsch. Was gab da den Ausschlag?
Wir haben unser Produktportfolio im Laufe der Jahre angepasst. Bis 2010 hatten wir nur das Kölsch. Doch man muss die Konsumentenwünsche berücksichtigen. Und die bestehen nicht nur aus Bier. Wir wollen die innovativste Kölschbrauerei sein, entwickeln daher immer wieder neue Produkte. 2010 kam unsere Fassbrause auf den Markt, da waren wir die ersten. Wir wollten dem Bier ein alkoholfreies Erfrischungsgetränk zur Seite stellen. Der Name passte zu uns. Fass, weil wir Marktführer beim Fassbierabsatz sind. Brause steht für alkoholfrei. Wir haben uns damals die noch nicht besetzte Internetseite www.fassbrause.de sichern können. Das Produkt ist seitdem ein Volltreffer.

2020 kam Wiess auf den Markt. Was hat es damit auf sich?
Bis zur Mitte des letzten Jahrhunderts war das Wiess das Nationalgetränk der Kölner und somit der Urvater des Kölschs. Erst dann kamen meine Vorfahren und ihre Kollegen auf die Idee, das Bier zu filtern und prägten 1918 erstmals den Begriff Kölsch. Als dann der Retro-Trend einsetzte, haben wir uns entschlossen, das historische Rezept zu revitalisieren und haben das Wiess in der kleinen Flasche auf den Markt gebracht. Der Trend geht ohnehin zur 0,33-Liter-Flasche, weil sie handlicher ist.

→

Gaffel zeichnet sich auch dadurch aus, immer neue Event-Formate zu entwickeln. Seit Jahren ist in Köln und Bonn „Jeck im Sunnesching" etabliert, Ihr unterstützt Mitsing-Formate wie „Loss mer singe". Neu ist die Partyreihe „Brauhaus Beats". Reicht das Bierbrauen nicht mehr?
Wir schaffen gerne Events, auf die wir auch selbst gerne gehen. Ich bin an unzähligen Abenden im Jahr unterwegs. Das mache ich nicht, weil es mein Job ist, sondern weil es mir Spaß macht. Mit „Jeck im Sunnesching" haben wir ein Festival mitentwickelt, bei dem im Sommer zu kölscher Musik gefeiert wird. Wir sind Partner der Grüngürtelrosen, ein Männerchor, der immer beliebter wird. Uns reicht es nicht, nur das Kölsch zu Veranstaltungen zu liefern. Wir wollen auch mitgestalten und etwas zurückgeben.

Dabei ist doch der Karneval schon die fünfte Jahreszeit.
Karneval ist für Köln natürlich ganz besonders. Aber wir wollen auch Anlässe außerhalb dieser Zeit schaffen, wo sich Menschen treffen und miteinander feiern können.

Was sagst Du als Brauerei-Chef eigentlich dazu, dass bei einzelnen Karnevalssitzungen in Köln Kölsch-Verbot im Saal herrscht?
Da halte ich überhaupt nichts von. Wir als Kölsch-Brauereien schaffen Arbeitsplätze in Köln, zahlen Gewerbesteuern und leisten was für die Stadt. Warum werden die Gäste gezwungen, Produkte von außerhalb zu konsumieren? Da Kölsch Teil unserer Kultur ist, sollte man es den Gästen bei keinem Anlass vorenthalten. Das ist für mich absolut nicht nachzuvollziehen, dass bei Karnevalssitzungen Sekt, Wein und Wodka auf den Tischen steht, aber kein Kölsch.

Du wachst als Vorstand des Kölner Brauerei-Verbands auch über die Kölsch-Konvention. Was hat es damit auf sich?
Die Konvention ist unumstößlich und heilig, die Wettbewerbsregeln klar definiert. Das Bier muss obergärig und filtriert sein. Das Allerwichtigste ist, dass es auf Kölner Grund und Boden gebraut werden muss. Zudem ist die 0,2-Liter-Stange nicht diskutabel. Wir achten sehr darauf, das zu schützen. Wenn eine Brauerei in Bayern glaubt, Kölsch brauen zu müssen, mahnen wir das ab.

Champagner kann auch nur in der französischen Region Champagne hergestellt werden. Nach EU-Recht ist Kölsch eine geografisch geschützte Herkunftsangabe.

Mal abseits von „Drinkste ene met?": Mit welchem Artikel des „Kölschen Grundgesetzes" kannst Du Dich noch gut identifizieren?
„Et hätt noch immer jot jejange." Für uns Unternehmer war Corona keine leichte Zeit. Aber der offene und zuversichtliche Grundoptimismus, den die Menschen hier im Rheinland in sich tragen, ist der Nährboden für einen positiven Ausblick in die Zukunft.

50 JAHRE

ANZEIGE

Ein Klassiker feiert 50. Geburtstag!

Eine gedruckte Liebeserklärung an den großen Dichter und Liedermacher Reinhard Mey aus Anlass von 50 Jahren „Über den Wolken“.

112 Seiten Reportagen, Interviews, Fotostrecken – und ein einzigartiges Mey-Gespräch in Versen.

Jetzt im Handel oder hier:
www.meinmeymoment.de

§11

Do laachste dech kapott!

Als *Sven Oleff*, Mitglied im 5. Traditionskorps des Kölner Karnevals, den „Altstädter Köln 1922 eV“, in der Session 2020/21 zum Prinz Karneval Sven I. proklamiert wurde, feierte er auch gleichzeitig sein 20-jähriges Bühnenjubiläum. Der kölsche Jung hatte einst seine ersten Auftritte in der Tanzgruppe „De Höppemötzjer“ auf großer Bühne.

Den Rosenmontagszug im Ornat zu erleben, die größte Bühne im Kölner Karneval, blieb ihm gleich zweimal verwehrt. Auf seine Regentschaft blickt er dennoch mit Dankbarkeit zurück. Sie habe ihn als Mensch positiv verändert. Nun gehe es vor allem darum, das Brauchtum und die Werte des Karnevals an die nachfolgenden Generationen zu vermitteln.

Interview: Tina Schlosser

Sven, Du bist der einzige Prinz Karneval, der zweimal regieren durfte und dennoch keinen „normalen" 11.11. erlebt hat. In der Session 2020/21 wütete Corona mit allen Verordnungen, ein Jahr später bist Du am 11.11. selbst Corona-positiv getestet worden. Ist das nicht so ein Moment wo man sagt: „Do laachste dech kapott", im Sinne von: Das kann nicht wahr sein?

Sven Oleff (48): Am 11.11.2020 waren wir mitten in der Pandemie, da lautete das Motto natürlich: „Wir bleiben zu Hause." Und dementsprechend gab es gar keine große Veranstaltung. Wir haben die Session zwar eröffnet, aber relativ alleine auf dem Hoteldach der Hofburg. Uns war da schon klar: Das wird keine normale Session. Aber natürlich bewahrst du dir da als Kölner den Humor. Der lässt sich durch nichts unterkriegen.

Und beim zweiten Mal, im November 2021? Was ging da in Dir vor?

Das ist alles noch sehr präsent. Am Mittwochabend vor dem 11.11. mussten wir uns testen lassen – wie immer eigentlich. Da war ich dann plötzlich positiv. Meine beiden Mitstreiter waren zwar negativ, aber sie haben mir schnell signalisiert, dass sie nicht ohne mich rausgehen. Es tut mir noch heute so unglaublich leid für die beiden, dass sie das aufgrund meiner Infektion nicht erleben durften. Aber es hätte ein falsches Signal gesetzt.

Wie lange dauerte es bei Dir, dass Du nach bitteren Zeiten wieder lachen konntest?

Ich versuche gerade in den bitteren Momenten, eine gewisse Ablenkung hinzukriegen. Es bringt ja nichts, wenn man sich dauerhaft grämt und dann in der Situation verharrt. Ja, manchmal ist alles schlimm und schrecklich, aber man kann auch sagen: Okay, das nehme ich jetzt so an, wir machen das Beste daraus und versuchen das Leben wieder mehr zu genießen, uns eben nicht runterziehen zu lassen. Das finde ich enorm wichtig.

Bekommt man diese kölsche Mentalität in die DNA eingepflanzt?

Natürlich hat man auch Zeiten, wo man sich traurig fühlt, in denen die Dinge nicht so richtig laufen, wo man auch mal ins Grübeln kommt. Da ist diese spezielle kölsche Mentalität hilfreich – und es ist schön, wenn deine Freunde das auch so leben. Eine oder einer ist immer gut drauf und reißt einen dann mit der Lebensfreude mit. Das haben wir gerade in der Corona-Zeit intensiv erlebt, dass wir uns als Trifolium immer wieder gegenseitig hochziehen konnten und Spaß miteinander hatten, auch wenn die Zeiten nicht immer einfach waren.

Du hast damals gesagt, wenn Corona vorbei ist, lässt Du es richtig krachen. Wie sah das aus?

Ehrlich gesagt, habe ich nach der Corona-Zeit schon Abstand gebraucht, um das alles einzuordnen. Ein bisschen zu sortieren, was in den zwei Jahren mit all diesen Herausforderungen passiert ist, auch persönlich. Das hat gedauert.

Über was bist Du gedanklich gestolpert?
Es waren die vielen Eindrücke, die da auf mich eingeprasselt sind. Wenn du morgens auf der Domplatte aus dem Konvoi des Dreigestirns steigst und die Ersten, die dich empfangen, sind Kamerateams, die aus dem „Krisengebiet Kölner Karneval" berichten, ist das schon eine Situation, die man erst einmal verarbeiten muss. Und das hat sich ja so durch unsere gesamte Zeit als Dreigestirn gezogen.

Hattet Ihr das Gefühl, sozusagen auf „der falschen Seite" zu sein?
Nein, ich hatte immer das Gefühl, wir tun genau das Richtige zum richtigen Zeitpunkt, am richtigen Ort. Klar, wenn du als Dreigestirn während der Pandemie durch die Stadt ziehst, dann stehst du komplett im Fokus. Egal was du tust, alles wird beobachtet, über alles wird berichtet. Und ja, wie jeder Mensch machen auch wir Fehler und haben uns vielleicht in der ein oder anderen Situation nicht richtig verhalten. Es wurde schnell alles hochpolitisch. „Wie könnt Ihr Karneval feiern?", „Ihr seid schuld an der Masse in der Zülpicher Straße" und, und, und. Aber die öffentliche Wahrnehmung war da nicht immer fair. Wir haben auch sehr viele Situationen erlebt, die uns tagtäglich verdeutlicht haben, wie wichtig es ist, dass es das Kölner Dreigestirn gibt. Dass wir auch sichtbar sind.

Erzähl mal von einer Situation, die Du besonders erinnerst.
Gerne. Kurz nach der Proklamation im ersten Jahr haben wir eine Altenresidenz besucht. Wir sind da mit einem LKW vorgefahren, der eigens für uns umgebaut wurde. Wir hatten dadurch so eine kleine mobile Bühne. An den Fenstern standen die Bewohner des Hauses, teilweise kostümiert, es war sogar ein bisschen geschmückt. Sie standen am offenen Fenster und waren so froh, ein bisschen Normalität zu erfahren, weil genau diese Menschen monatelang in Isolation waren. Ich kriege jetzt noch Gänsehaut, wenn ich davon erzähle. Das waren zwar nur 30 Minuten, aber diese 30 Minuten waren enorm wichtig für die Menschen. Und auch für uns, weil wir in diesen Momenten gesehen haben: Wir tun hier genau das Richtige. Wir erhielten im Anschluss etliche Dankesbriefe von Angehörigen. In einem hieß es:

„Vielen Dank, dass ihr das gemacht habt. Ich habe meine Mutter seit vier Monaten nicht mehr so glücklich gesehen."

Und so etwas wurde in der öffentlichen Wahrnehmung nicht thematisiert. Der Karneval wurde eine ganze Zeit lang zu sehr auf die negativen Seiten reduziert.

Einen Rosenmontagszug hast Du als Prinz auch nicht erlebt. Beide Male fielen sie wegen Corona aus ...
Immerhin: Wir wurden dann im Folgejahr entschädigt. Da durften wir beim Rosenmontagszug auf einem ganz besonderen Wagen, auf dem „Goldenen Fisch", mitfahren. Das war eine große Ehre. Es war so schön zu sehen, wie die Menschen uns empfangen haben. Dass sie es nicht vergessen hatten, was wir in den vergangenen zwei Sessionen für den Karneval getan haben. Das hat uns unglaublich viel gegeben. Wir waren mit unseren Frauen und unseren Kinderdreigestirnen auf dem Wagen. Das war ein toller Tag für uns alle, definitiv.

→

Nachdem Du das jetzt alles nochmal so erinnerst ... Wo passt jetzt das „Kölsche Grundgesetz“ rein?

„Do laachste dech kapott“, ist oft das letzte Mittel, das in besonders absurden Situationen beibt.

Nach dem Motto: Die Sache ist so absurd, dass wir nur noch lachen können. Was anderes bleibt uns gar nicht mehr übrig. Quasi der letzte Anker, den wir noch haben.

Apropos lachen: Du bist quasi geborener Tänzer, hast 20 Jahre lang getanzt. Ein fröhlicher Sport, jetzt spielst Du Golf ...
(*lacht*) Stimmt, Golf ist eher spaßbefreit. Ich habe meine Mitgliedschaft auch nicht verlängert. Mir hat da, ehrlich gesagt, das Teamplay gefehlt. Aber beim Tanzen spielt mein Körper einfach nicht mehr mit. Das ist schon ein sehr, sehr anstrengendes Hobby. Dreimal die Woche Training, die Mädels durch die Lüfte werfen. Irgendwann merkt man es im Rücken oder in den Ellenbogen, dann muss man sich von der Bühne verabschieden.

Aber was machst Du nun mit Deiner großen Energie?
Ich bin da noch auf der Suche. Die Bühne hat mir so viel gegeben, da ist es schwer, etwas Vergleichbares zu finden. Für mich war es nie ein Motivationsproblem, dreimal in der Woche in der Halle zu stehen. Auch nicht bei 30 Grad, weil ich genau wusste: Anfang Januar ist Payback. Und dann bekommt man das alles zurück, was man vorher investiert hat.

Kannst Du genau beschreiben, was für ein Gefühl Dir die Bühne gibt?
Ich liebe es einfach, vor Menschen zu stehen, mich zu präsentieren – zu präsentieren, für was ich stehe. Und natürlich ist es auch der Applaus. Applaus einzuheimsen, das ist schon was Besonderes. Ich nehme gerne das Mikro. Ich glaube, das ist aber auch eine „Krankheit“ von ehemaligen Prinzen.

Du hast gerade gesagt, Du präsentierst Dich. Wofür stehst Du denn?
Ich glaube, ich bin ein sehr loyaler, ein sehr geerdeter Mensch. Ich stehe für meine Werte, für meine Familie, die ist mir wichtig, definitiv.

Kann man diese Werte in der Rolle des Karnevalsprinzen transportieren?
Ich denke schon. Ich stehe für mein Brauchtum, und ich versuche, dafür zu kämpfen, dass man den Karneval wieder ein bisschen anders sieht. Dass der Karneval nicht zu kommerziell wird. Dass der Karneval sich wieder mehr auf die Traditionen und das Brauchtum bezieht. Und dass der Karneval für alle offen bleibt. Das finde ich ganz enorm wichtig. Wir müssen jetzt die nächste Generation ranführen. Wenn wir es heute verpassen, die Jugend mitzunehmen, dann wird es schwierig in 20 Jahren. Es gibt genug Aufgaben im Karneval, die man eigentlich nicht weiter auf die lange Bank schieben darf. Integration im Karneval finde ich sehr wichtig. Das ist ein Thema, das noch gar nicht so recht vorkommt.

Wie willst Du das angehen?
Viele Präsidenten der Vereine hören jetzt auf. Viele Positionen werden neu vergeben. Meine große Hoffnung ist, dass man gemeinsam ein bisschen mehr versucht, den anstehenden Generationswechsel sauber durchzuführen, sodass auch wieder neue Ideen, neue Impulse in den Karneval kommen.

Was für Impulse meinst Du?
Wir müssen den Leuten, die hier in die Stadt kommen, erklären, was der Kölner Karneval eigentlich ist: eben kein Besäufnis oder ein reines Event. Viele denken, sie können auf der Straße einfach mal, salopp gesagt, die Sau rauslassen. Da geht es aber nicht um den Karneval, da geht es nur um die Event-Party. Ich glaube, wir müssen da noch leidenschaftlicher Aufklärungsarbeit leisten, da können wir nicht länger die Augen verschließen.

Was bedeutet das?
Natürlich will man den Tourismus nicht eindämmen, er bringt ja auch viel Geld in die Stadt. Aber wir müssen versuchen, gegen diese extremen Exzesse gegenzusteuern. Wir müssen die Zielgruppe besser ansprechen. Die Zielgruppe aber ist Anfang 20, dementsprechend bringt es nichts, wenn 50- oder 60-Jährige über das Thema reden, weil sie gar nicht wissen, was die jungen Menschen bewegt.

Was ist denn eigentlich die wichtigste Eigenschaft eines Karnevalsprinzen?

Die Menschen müssen spüren, dass du als Prinz Karneval keine Rolle spielst.

Dass du nicht da vorne stehst und nur was auswendig Gelerntes aufsagst. Die Menschen spüren, ob jemand aus dem Herzen spricht und bereit ist, sie mit offenen Armen zu empfangen. Nur dann bekommst du was zurück.

Ihr musstet natürlich als Dreigestirn mit hunderten von Auftritten in der Session auch sehr stressresistent sein – wann kamst Du persönlich mal zur Ruhe?
Abends unter der Dusche, alleine im Wasser. Erst da konnte ich loslassen und die vielen Situationen des Tages noch mal Revue passieren lassen. Wir hatten durch Corona zwar weniger Auftritte, aber natürlich enormen Druck durch die Situation. Ich werde es nicht vergessen: Nach der ersten Proklamation gab es eine Pressekonferenz. Die erste Frage, die mir gestellt wurde, war:

„Sie sind jetzt proklamiert als Prinz Karneval, und gestern sind 1500 Menschen an Corona gestorben. Wie gehen Sie damit um?“

Was hast Du geantwortet?
Dass ich mir dessen bewusst bin, dass das furchtbar und traurig für die Angehörigen ist, ich es aber wichtig finde, den Menschen auch ein bisschen Zuversicht zu bringen. Und dass man nicht alles, was auf der Welt passiert, mit dem Kölner Karneval in Verbindung bringen kann. Das fand ich an der Stelle nicht fair. Ich finde es auch deplatziert, einen Krieg in Europa mit dem Kölner Karneval in Verbindung zu bringen. Klar, wir haben damals zum Kriegsausbruch ein tolles Statement gesetzt. Aber man muss sich natürlich dann auch hinterfragen: Was war denn ein Jahr später? Es waren →

die gleichen Bomben auf die gleichen Menschen. Und wir ziehen unser Ding dann wieder ganz normal durch? Wo ist der Unterschied? Den gibt es nicht. Reicht es einmal, sein Mitgefühl auszudrücken?

Du hattest damals gesagt: Die Seele leidet, und die Leute brauchen Lebensmut. Das ist heute nicht anders, oder?
Nein. Was jetzt passiert, haben wir so in unserer Generation noch nicht erlebt. Und deshalb ist es auch so wichtig, ein Ventil zu finden, um die Gedanken nicht zu schwer werden zu lassen. Dafür ist der Kölner Karneval prädestiniert: mal für ein paar Stunden dem Alltag entfliehen. Du ziehst ein Kostüm an, nimmst eine andere Identität an und vergisst einfach mal alles um dich herum.

Das „Kölsche Grundgesetz" als eine Art gesellschaftlicher Kitt?
Ja, ich finde schon, dass das Miteinander in Köln wirklich gut gelebt wird. Ich glaube, dass alle so ein bisschen unsicher sind. Was kommt? Wie wird die Zukunft werden?

Ich glaube, dass es momentan in unserer Gesellschaft so ist, dass jeder ein bisschen zu sehr für sich lebt, sich abkapselt von anderen. Ich bin überzeugt, wir brauchen dieses besondere Gefühl von Gemeinschaft.

Menschen haben gerne Spaß zusammen, feiern gerne zusammen, und wir sollten versuchen, die Menschen wieder zusammenzubringen. Das kann der Karneval! Der Karneval tut in dieser Stadt so viel Gutes, gerade im sozialen Bereich. Und da muss man doch auch ehrlich sein: Ohne den Karneval würden hier in Köln an ganz, ganz vielen Stellen die Lichter ausgehen. Wenn man sieht, wie viele Spenden generiert werden für Kinderstationen, für Seniorenheime. Und darauf bin ich ehrlicherweise auch stolz.

Du hast als kleiner Bub schon davon geträumt, „einmol Prinz zo sin". Hat sich Dein Traum mit der Wirklichkeit gedeckt?
Oh ja, das hat er. Und darüber hinaus: Wenn du das Ornat das erste Mal wirklich anziehst – nicht zur Anprobe, sondern wenn du im Ornat raus zu den Leuten gehst, wenn du Prinz Karneval bist ... da bekommt dieser Ornat eine unfassbare Strahlkraft. Es lebt für sich, und da ist es eigentlich sogar egal, wer drinsteckt. Alles glitzert. Es elektrisiert die Menschen. Alle haben sofort ein Lächeln auf dem Gesicht, ob groß oder klein – und das ist wirklich toll zu erleben. Man merkt dann bis tief in die Seele hinein: Das macht was mit den Menschen.

Du hast vorhin von Werten gesprochen. Welchen Wert hat Humor für Dich?
Humor ist ein ganz, ganz wichtiger Wert. Wenn man keinen Humor hat, dann läuft man griesgrämig durch die Gegend, und das spiegelt man natürlich auch seinen Mitmenschen. Ja, der Kölner ist auch mal rau und ruppig, aber immer herzlich. Wenn du als Fremder in eine Kneipe reinkommst, dann bist du nicht lange fremd, irgendwann liegt man sich in den Armen und singt gemeinsam. Das klingt manchmal vielleicht etwas seicht, aber ich mag das. Diese Weltoffenheit, die der Kölner hat, diese Toleranz, das ist ja nicht nur ein Spruch, das wird ja hier wirklich gelebt. Sich selber nicht so wichtig zu nehmen, offen zu sein, Menschen in das Leben in der Stadt zu integrieren, ganz egal, wo sie herkommen.

Als Deine zweijährige Session zu Ende war, Du also nicht mehr als Prinz Sven I. aufgewacht bist – wie war das?
Es gibt ja die Tradition am Karnevalsdienstag, da heißt es dann: „Zick eröm!" Also: Jetzt ist die närrische Zeit auch für Euch, das Kölner Dreigestirn, vorbei. Dann zieht man die Ornate aus ... Und, das war spannend zu erleben: Es hat bei mir dann sofort „klick" gemacht. Das war's, die Zeit ist vorbei. Der Knackpunkt war bei uns der Donnerstag. Als der Ukraine-Krieg an Weiberfastnacht morgens ausgebrochen ist, war es für uns am Ende auch eine Erleichterung, dass es vorbei war. Das muss man auch dazusagen. Und dennoch: Es war eine tolle und eine unfassbar lehrreiche Zeit, die mich persönlich weitergebracht hat, die mir nochmal gezeigt hat, wer ich eigentlich bin.

Und wer bist Du?
Ich habe gelernt, mit schwierigen Situationen umzugehen. Ich habe gelernt, wie ich Menschen mit wenig erreichen kann.

Es reicht manchmal eine nette Geste, ein nettes Wort, um Gutes zu schaffen, Zuversicht zu bringen.

Ja, das hat mich als Person nochmal weitergebracht. Ich war vorher nie nah am Wasser gebaut, nach den zwei Jahren war das anders. Das waren so unglaublich viele emotionale Erlebnisse. Das hat definitiv etwas verändert bei mir. Ich konnte dem allen sehr oft nicht mehr standhalten. Und jetzt ist es so, dass ich diese Gefühle einfach mehr zulasse – und auch selbst mehr loslasse.

Ein Jahr nach der Zeit als Prinz ist Dein Vater später gestorben, Du führst sein Geschäft heute alleine weiter ...
Mein Vater war durch und durch Kölner und hat sich gewünscht, dass an seinem Grab „Am Dom zu Kölle" gespielt wird. Das war ein unfassbar trauriger Moment, aber zugleich auch ein schöner. Auch das ist Köln, definitiv. Da wird am Grab ein Kölscher Song gespielt, in einem für alle so schwierigen Moment. Dann lächelt man auch wieder ... Und da sind wir beim „Kölschen Grundgesetz". Wenn wir am Ende lächeln, dann ist alles gut: „Do laachste dech kapott."

ANZEIGE

AUS GUTEM GRUND

Illustration: Dieter Braun

Das Grundgesetz als Magazin

Der vollständige Text der Verfassung,
ergänzt durch Infografiken

dasgrundgesetz.de

Der Kabarettist, Musiker und Autor *Konrad Beikircher* ist zwar ein „Imi“ aus Südtirol. Doch seit er 1965 ins Rheinland kam, entwickelte er sich zum leidenschaftlichen Experten des kölschen Wesens und der Sprache.

Sein Buch „Et kütt wie't kütt“ lieferte 2001 augenzwinkernd, kritisch und liebevoll die Vorlage für das „Kölsche Grundgesetz“.

Ein Gespräch über gebürtige und mentale Rheinländer, die pazifistische Seite der Domstädter, ihren speziellen Umgang mit Autoritäten – und einen 12. Artikel, um den er das „Kölsche Grundgesetz“ gerne erweitern möchte.

Interview: Birgitt Schippers

Ohne Dich, Konrad, hätten wir kein „Kölsches Grundgesetz". Wie bist Du auf die Idee gekommen, dass in rheinisch-kölschen Redensarten so etwas Gewichtiges wie ein „Grundgesetz" steckt?

Konrad Beikircher (78): Ich lebe ja schon lange im Rheinland und habe diese wundervollen Lebensregeln kennengelernt. Sie sind so positiv und zuversichtlich. Und als alter Grieche kam mir der Gedanke, dass ihnen auch das Wort Ataraxia zugrunde liegt, also das Verlangen nach Ausgeglichenheit. Und dann fiel mir auf: Das sind Richtlinien für das Leben, die mit dem Buddhismus verwandt sind. Und bei Richtlinien bist du doch schon gleich beim Grundgesetz ...

Doch in Deinem Buch geht es erst einmal um das „Rheinische Grundgesetz", und die Kölner machen es dann ganz groß als das „Kölsche Grundgesetz". Ganz schön dreist, oder?

(*lacht*) Natürlich vereinnahmen die Kölner alles. Aber sollen sie, wenn es der Wahrheitsfindung dient ...

Warum sind es elf Artikel? Selbst in der Bibel gibt es ja nur zehn Gebote ...

Ja, die 11 ist so eine heilige kölsche Zahl. Ich glaube, es hängt mit den 11.000 Jungfrauen in der Legende von der heiligen Ursula zusammen. Sie sind ja sogar im Kölner Stadtwappen als elf Flammen vertreten. Die krumme Zahl 11 gehört zu der DNA der Kölner.

Was erzählen denn diese elf Artikel über die Kölnerinnen und Kölner?

Ganz allgemein sind das ja eigentlich Forderungen an die Kölschen. Darin steckt die Überzeugung: Wenn du diese Forderungen befolgst oder dich daran orientierst, dann geht's dir besser. Es geht dir besser, wenn du die Realität akzeptierst („Et es, wie et es."), wenn du gelassen in die Zukunft blickst („Et kütt, wie et kütt.") oder wenn du zuversichtlich bist („Et hätt noch immer jot jejange."). Eben diese Zuversicht ist schon sehr wichtig im rheinischen Lebensgefühl. Und wenn es einmal nicht gut gegangen ist, dann wird es einfach vergessen und fertig.

Diese „Klappt-schon-Mentalität" ist aber doch ein bisschen sehr naiv, oder?

Ja, das ist sehr naiv. Aber, wat wellste maache, wenn dich die Differenziertheit nicht kümmert? Differenziert sein, das ist eine Eigenschaft, die hat der kölsche Mensch nicht gerade mit Löffeln gefressen. Differenziertheit kommt bei ihm eigentlich nicht vor, außer natürlich bei einzelnen Wissenschaftlern. Die Kölschen sind eher plakativ. Entweder es ist gut oder nicht gut.

Haben die Kölschen ein besonderes Zeitgefühl?

Ja, sie leben konsequent in der Gegenwart, sozusagen im zeitlosen Kontinuum. Die Vergangenheit ist den Kölschen egal, weil „das hatten wir ja schon". Zukunft? Da sagt sich der Kölsche: „Was weiß ich, was kommt?" Jetzt, hier und heute muss es schön sein. Und deshalb spielen auch Planungen keine Rolle. Dieses mediterrane Element ist sehr wichtig, wenn man die rheinische Mentalität kölnischer Färbung verstehen will.

Hast Du das schon am eigenen Leibe erlebt?

Ja, als ich Psychologe im Gefängnis war und dort auch im Personalrat gearbeitet habe. Einer der beliebtesten Beamten hat nach 30 Dienstjahren einen Tag Sonderurlaub für die Hochzeit seiner Tochter bekommen. Aber er kam erst acht Tage später zum Dienst. Er wurde natürlich zum Personalrat zitiert. Seine Erklärung: „Ja, was soll ich sagen? Es war schön!" Und er ist damit durchgekommen. Da steckt auch wieder dieses buddhistische Element drin: Ich verschenke mich in das Hier und Jetzt und komme so den Geheimnissen des Lebens eher auf die Spur. Diese Mentalität ist woanders unbegreiflich.

Alles ist im Fluss der schönen Gegenwart. Aber dann kommen die Kölschen mit der Richtlinie daher: „Kenne mer nit, bruche mer nit, fott domet." Das passt doch nicht zusammen, oder?
Ja, das ist ein Widerspruch. Ich finde, da ist auch was Aggressives drin. Und aggressiv ist die kölsche Mentalität nicht. Vielleicht denken die Kölschen da an überflüssige Gesetze und Regelungen? Zum Beispiel an eine Einbahnstraße, die man lieber in beiden Richtungen befahren will? Sich wehren gegen Bestimmungen, spielt da bestimmt eine Rolle.

Also die Kölschen wehren sich schon auf ihre Weise. Du beschreibst sie als „chromosomonal antiautoritär". Was heißt das?
Sie sind vom Wesen her antiautoritär eingestellt. Das heißt nicht, dass sie keinen Respekt vor den Höhergestellten hätten. Trotzdem lassen sie sich nicht gerne von Autoritäten maßregeln. Dazu gibt es eine schöne kleine Geschichte, die sich an einem Pfingstmontag im vollbesetzten Kölner Dom während eines feierlichen Pontifikalamtes abgespielt hat: Der Kölner Erzbischof Kardinal Joachim Meisner sitzt vorne in seinem riesigen Ohrensessel. Das Kölner Gürzenich-Orchester und der Bergheimer Kirchenchor lassen beim „Gloria" das „Halleluja" von Händel erklingen. Der Schlussakkord verhallt, und das Publikum applaudiert total begeistert. Meisner springt auf, geht ans Mikrofon und pfeift die Gläubigen zusammen: Ein solcher Applaus entspräche nicht der Würde des Gotteshauses. Nie mehr wolle er so etwas im Dom hören. Und als der Kardinal wieder zu seinem Sessel zurückgeht, braust in seinem Rücken ein Orkan von Applaus auf. So sind die Kölschen. In jeder anderen Region undenkbar.

Die Kölschen nehmen die Dinge, wie sie sind, machen das Beste draus und leben den Augenblick. Wenn das Aggressive den Kölschen nicht so liegt, was dann?

Ich finde, die wichtigste Seite der kölschen Mentalität ist die pazifistische Seite.

Das wird oft übersehen. Man könnte das negativ ausdrücken und sagen, er sei konfliktscheu. Gut, er ist nicht wirklich auseinandersetzungsfreudig. Aber er versucht gerne, sich über Schleichwege durchzusetzen. Adenauer hat das vorgelebt: In den 1920er-Jahren sollte die Mülheimer Brücke gebaut werden. Er wollte die teurere Hängebrücke durchsetzen, aber die Kommunisten waren dagegen. Also ging er – rein zufällig – in die Kneipe „Das rote Krokodil" und erzählte den kommunistischen Stadtratsabgeordneten, dass es in St. Petersburg nur Hängebrücken gebe. Und so bekam er seine Hängebrücke, ohne Auseinandersetzungen. Oder eine typische Situation unter Männern: Ein Wort gibt das andere, sie bekommen sich in die Haare. Sagt der eine: „Weißt Du, wat Du för mich bes?" Fragt der andere: „Ja, wat bin ich den för Dich?" Antwort: „Do bes 'n Arschloch för mich!" Und jetzt kommt eine typisch kölsche pazifistische Reaktion: „Dat hättest du mal för mich sagen müssen." Darauf zwei Kölsch und fertig. Das sind schon völkerkundlich interessante Akzente.

→

Gibt es für Dich unter den elf Artikeln einen Lieblingsartikel?
Ach, das sind schon „Et küt, wie et kütt" und „Et es, wie et es", weil das auch eine Anerkennung der Realität ist. Also die Gelassenheit, akzeptieren zu können, dass die Dinge so sind, wie sie sind, und dass man akzeptieren muss, was auf einen zukommt. Du kannst es ja eh nicht steuern. Ich habe mich früher immer schwergetan mit dem Akzeptieren von Realitäten, denn ich hatte da so ein sehr positives Wunschdenken in meinem Leben, wirklich ganz übel. Es muss keinen Spaß gemacht haben, mit mir zusammenzuleben, weil ich mir die Welt als Student und die ersten Jahre danach immer schöngewünscht habe. Vielleicht war das auch überhaupt der Anlass, darüber zu schreiben.

Dann warst Du ja schon früh ein mentaler Rheinländer?

Absolut. Ich war schon immer absurd zuversichtlich.

Das ging schon im Gymnasium los. Ich habe natürlich nichts für die Schule getan, war aber doch zuversichtlich, dass alles klappen würde. Gut, ich saß hinter einem sehr guten Mitschüler, dem ich schon mal ein bisschen über die Schulter gucken konnte. Ich habe mich auch für einen tollen Violinisten gehalten, in völliger Verkennung der Realität …

Du unterscheidest zwischen gebürtigen und mentalen Rheinländern. Sind die mentalen den gebürtigen Rheinländern gleichgestellt?
Nein, sie sind in der Überzahl. Es gibt mehr mentale Rheinländer als gebürtige, und das hängt mit etwas zusammen, was der Jürgen Becker bei einer gemeinsamen Veranstaltung herausgefunden hat. Es ging um die Frage: „Sind Imis (*Anm. d. Red.: imitierte Kölner*) die besseren Kölschen?" Am Ende der Veranstaltung hatte er eine Antwort. Für ihn sind die Imis die besseren Kölschen, weil sie sich entschieden haben, nach Köln zu kommen und zu bleiben. Dagegen sind die gebürtigen Kölschen nur zufällig in Köln geboren, oder wie wir es etwas griffiger ausgedrückt haben: nach Köln gevögelt worden. Und das ist genau so.

Können denn alle Menschen mentale Rheinländer werden?
Natürlich nicht! In einer Sammlung schwäbischer Witze habe ich einen grandiosen Spruch über schwäbische Sparsamkeit gefunden: „Schwäbische Sparsamkeit ist, so lange bei den Eltern zu wohnen, bis man bei den Kindern einziehen kann." Da lacht der Schwabe sich kapott.

Und könnten die Kölschen auch so einen Witz machen?
Nein! Das ist nicht kölsche Mentalität! Der Kölsche würde nicht aus Sparsamkeitsgründen zu Hause wohnen. Da müsste er vielleicht gar Rechenschaft darüber ablegen, wie viel er getrunken hat, wenn er wieder nach Hause kommt. Nein, der Kölsche will die Freiheit. Sparsamkeit ist ihm egal. Hauptsache, es ist schön.

Die Weltlage ist gerade nicht so schön. Wir erleben eine aufgeregte und zugleich erschöpfte Gesellschaft, die sich mit Kriegen und rechtsradikalen Umsturzversuchen, mit Künstlicher Intelligenz und Krypto-Währungen überfordert fühlt. Kann das „Kölsche Grundgesetz" da helfen?
Ja, das „Kölsche Grundgesetz" und seine Aufforderung, gelassen zu bleiben, hilft da schon, weil man mit dieser Einstellung einen klaren Blick behält. Ich weiß noch, wie 1968 die Tschechoslowakei im Zeichen des Prager Frühlings von den Panzern des Warschauer Pakts überfallen wurde. Da sind wir Studenten alle mit einer großen Aufgeregtheit runter zur russischen Botschaft vor Remagen gefahren und haben rot-blaue Farbbeutel auf das Haus geworfen. Aber ich glaube, du kannst den Dingen besser ins Auge schauen, wenn du ein bisschen die kölsche Gelassenheit einübst und Zuversicht bewahrst.

Aber wenn man fragt: „Wat wellste maache?", dann lässt man ja die Dinge einfach laufen. Das ist dann manchmal auch nicht wirklich hilfreich ...
Nein, das ist auch nicht gut. Aber ich denke, dieser Artikel ist ein Kommentar des kölschen Volksmunds zu unverständlichen Entscheidungen von Regierungspräsidenten und anderen Amtsträgern. Aber es gibt zum Glück auch da die anderen, die antiautoritären Kölschen, die sehr wohl etwas dagegen machen wollen. So passiv sind die Kölschen auch wieder nicht.

Der 11. Artikel heißt: „Da laachste dech kapott." Ist das das große Finale im Reigen des „Kölschen Grundgesetzes"?
Diesen Spruch würde ich sogar gerne als großes Schlusswort der Kölschen zur Welt hochstilisieren. Was da alles in der Welt passiert, ist wirklich nicht mehr ernstzunehmen.

Gäbe es für Dich einen 12. Artikel, den Du gerne noch in den Kanon aufnehmen würdest?

Ja! „Jede Jeck es anders." Das ist ein tolles Toleranzgebot. Es fordert mich auf, zu akzeptieren, dass jeder Mensch eine Macke hat und dass alle unterschiedliche Macken haben. Es ist niemand so, wie ich will, dass er sei.

www.daskoelschegrundgesetz.de